青椒文库
·法学卷·

见微知著

中国法律史的政治逻辑与技艺理性

沈玮玮 著

华南理工大学出版社
SOUTH CHINA UNIVERSITY OF TECHNOLOGY PRESS

·广州·

图书在版编目（CIP）数据

见微知著：中国法律史的政治逻辑与技艺理性/沈玮玮著. —广州：华南理工大学出版社，2019.1

ISBN 978-7-5623-5804-6

Ⅰ. ①见… Ⅱ. ①沈… Ⅲ. ①法制史 – 研究 – 中国 Ⅳ. ①D929

中国版本图书馆 CIP 数据核字（2018）第 227762 号

Jianwei Zhizhu：Zhongguo Falüshi De Zhengzhi Luoji Yu Jiyi Lixing
见微知著：中国法律史的政治逻辑与技艺理性
沈玮玮　著

出 版 人：	卢家明
出版发行：	华南理工大学出版社
	（广州五山华南理工大学 17 号楼，邮编 510640）
	http：//www.scutpress.com.cn　　E-mail：scutc13@scut.edu.cn
	营销部电话：020 - 87113487　87111048（传真）
责任编辑：	陈　尤　王　磊
印 刷 者：	广州市新怡印务有限公司
开　　本：	787mm×960mm　1/16　印张：10.25　字数：158 千
版　　次：	2019 年 1 月第 1 版　2019 年 1 月第 1 次印刷
定　　价：	48.00 元

版权所有　盗版必究　　印装差错　负责调换

前言：
从耳熟能详的故事里开掘法意

本书选取历代具有典型性意义的法典和司法举措，探究制度文本和实践背后所蕴含的理性与智慧。具体而言，本书选取了30个大众耳熟能详且具有代表性的中国法史事件或案件，但不局限于这些事件或案件本身，从古典立法和司法的政治逻辑和技艺理性两大方面入手，回望历史，试图在宏大的中国法史叙述中寻找蛛丝马迹，寻章摘句，发现既有叙述模式未能发现的问题，即通过"以小见大"来展现中国法史的逻辑与技艺。

逻辑自然是偏重于历史逻辑，但丝毫不影响历史的当代意义，因为一切历史均对当下有所关照。技艺则意味着中国人不仅从技术角度来思考世间法则，而且会艺术地处理安身立命之道。

逻辑是战略，技艺是战术。逻辑强调的是怎么做，技艺侧重的是如何做。逻辑体现的是传统法文明之理性，技艺传达的是法秩序之智慧。如此，才能真正深入内里去理解中国法史的理性与智慧，方得经验与教训。

本书所选的30个中国法史事件或案件，按照"6·7·8·9"的模式排列，具体分为立法和司法两个方面。立法方面，与政治较为紧密的有8篇，与政治较为疏离的有9篇，主要通过阐释法典体例、结构和内容的细微变化，展现古人在制定法典的过程中所遵循的逻辑及高超技艺。司法方面，与政治多有关切的有6篇，较为纯粹讲司法技艺的有 7 篇。司法实践上的重心,主要凸显重大司法事件或举措的意义,重点通过探讨司法过程的思想争论和权力博弈,发掘司法实践背后的目的与驱力。

立法和司法的内容比例分配为 17∶13,可以看出古人更偏好于立法,即专制皇权社会更注重全面布局的大一统和整体上的逻辑周延。从立法的篇目上来看,政治逻辑和技艺理性之比为 8∶9,这意味着古人虽然看重法典的政治功能,但在具体而微的律典设计上定要遵循立法的技艺理性;从司法的篇目上而言,政治逻辑和技艺理性之比为 6∶7,此说明古人亦十分看重法政之间的互动而非隔绝或制衡。

按照历史学的标准,在历史学的四大基本要素——时间、空间、事情和人物中,人物是连接其他要素的关键。本书几乎在每一事件或案件的论述中,都有支撑逻辑和技艺言说的关键人物,并且利用人物的生平经历和社会交际来论证人物之于事件或案件的意义,包括皋陶、周王、子产、商鞅、李悝、萧何、缇萦、汉文帝、汉武帝、董仲舒、郑玄、隋文帝、隋炀帝、唐太宗、袁采、宋慈、朱元璋、孙中山,等等。既有小人物的故事,也有大人物的伟绩,且大多人物故事妇孺皆知。

而且,本书十分注重历代法史的连续性,尤其注重法史重大变革的事件或案件背后的政治思想、社会背景,叙述变革的原因,突出变与不变,最终分析其历史和现实意义。这些尝试包括对明大诰性质的重新阐释、宪法命名传统的沿袭、古代判例利用的逻辑、超越国际法的化外人司法原则、《袁氏世范》的问世、司法装饰的政治规训和中国特有的司法庭院主义、皋陶和獬豸组合形象的司法隐喻、疑罪从轻从赦的技术处理方略、兼具审判技艺和理论的五听断狱及更为高超的办案手法,以及以理冤思维建构的中国司法检验传统,如此等等。

本书在具体的内容书写上,采用断代史和通史相结合的叙述策略。立法的逻辑和技艺部分基本按照历史先后顺序排列,而司法的逻辑和技艺部分则主要按照主题内容来安排,实则为了显示古典司法的连续性或相似性比我们想象得要更明显。如果说法典更注重"守文"传统的话,那么司法也是相当地重视经验。毕竟,仅靠饱读诗书的非专业

前言：从耳熟能详的故事里开掘法意

司法官员来审断案件，依然要靠代代相传的技艺。同时，为了实现和谐之社会愿景，必然要通过各种政治干预和非法治手段来辅佐司法行为。只要统治之术未变，皇权之势未动，法制内容未改，司法的逻辑和技艺也不会有太大变化。唯有以不变应万变，才能统治疆域如此之广、人口如此之众的大一统专制集权国家。这便是大国的实际，也是王朝虽然轮转但依旧稳固的谜底所在。

通过以上叙述方式，本书重在窥探历史的"微言大义"，于平淡之处见波澜，于细微之处见真章。利用耳熟能详的中国法史故事，在检视既有研究结论的基础上，精准地把握以往宏大的中法史研究叙述的细微之处，从政治史、思想史和社会文化史的视角，发掘历代立法和司法变革在细微之处所体现的不为常人所知的智慧经验。

为确保本书论述的科学基础，尽可能遵守正史这一史料的可信度，以相关学科的解释合理性来重新论述法学视角上的立法和司法故事之意义，无不是以他山之石来雕琢法史之玉。在此前提下，本书呈现了一些或许并非完全经得起推敲的结论，这些结论实际上是为了回答我近十多年来阅读中国法史的一些疑问。正所谓尽信书不如无书，阅读思考过程中获得的疑问并非过于专业，反倒是从常识、常情、常理出发就能够自然引出的问题。

这些问题包括：皋陶和獬豸到底还有什么可以挖掘的当代价值；夏商西周之刑的命名问题为何不统一；吕刑的主要内容为何转向司法；早期中国是否真有完全是从当代生态环境出发的自然资源利用章法；春秋之际的铸刑事件究竟是偶然还是必然；如何较有新意地解释商鞅变法；秦是否真的是法律繁苛；萧何的九章律为何逻辑混乱；缇萦救父为何就这么轻而易举地让汉文帝废除了肉刑；董仲舒的春秋决狱如何重新展开叙述；隋代两任君主制定的律典体例为何不同；唐律规定的化外人犯罪司法原则是不是国际法的冲突规范；南宋袁采的《袁氏世范》与之前的家训到底有何不同之处；五听的审判技艺为何一直经久不衰；为何是南宋的宋慈推出了举世闻名的检验指南；朱元璋的独裁政治与诸如明《大诰》之类的法制创新有何关系；古代是否存在判例法；如何在神性崇拜中构建类似于当代的司法权威；诸如法院这样

的机构名称从何而来,又代表了什么样的中国司法理念,等等。诸如此类的问题随着阅读的扩展和教研的探讨,一发不可收拾,总感觉值得我们重新反思的中国法史问题太多。

我通过以上大胆的设问和反思,最终是要展示一种思维的方向和研究的乐趣,可以说是一种思想的自我操练。欲使中国法史变得"有趣、有种、有料",这一解决方案或许可行且奏效。

历史并非任人打扮,本书希图从已有的相关学科研究中发现比法学院的中法史研究更为有用的创造性结论,重新阐释或被我们忽视的历史"洞见"。最终则要在古人遵守的法文明逻辑和法秩序技艺两个层面,澄清以往研究对中国法史的一些偏见,深入推进中国法律史的研究,真正"同情式"地理解博大精深的中国法文明。

以上写作说明,可谓壮志雄心,本该由中法史权威学者来实现这一宏大的学术抱负。作为中法史研究的晚辈,无疑会有越俎代庖之嫌。本书只能是班门弄斧,然旨在践行新一代学人如何在无比丰富和获取迅捷的研究资源之前提下,试图完成刷新已有研究结论之使命。正如书名所言:见微知著,书中内容难免跨度太广,然纵有诸多顾虑,考虑即使未曾周全,终归权当一种尝试性的努力。漫漫其修远之路,总得有跨出第一步的勇气。

掩卷回首,蓦然发现,我们在重温中国法史各种经典之时,欲发前人之所未发之言,难上加难。在试图揭开已经被揭开多次的故事文本奥妙之时,我仍觉得力不从心,忽而想起陶潜的那句"此中有真意,欲辩已忘言",这或许就是"突然间的自我"吧。

因为,所谓的逻辑和技艺,或许根本不存在。再或许,所谓的逻辑亦是技艺,技艺本来也是逻辑,边界并非如此泾渭分明。而且,通过阅读所谓的逻辑或技艺,得到所谓的经验或教训,很可能只是"经验亦是教训,教训也是经验"之类的辩证观而已。

沈玮玮
戊戌年初秋于美国密歇根迪尔伯恩

目录

第一章 古典立法的政治逻辑 / 1
- 一、夏商西周刑典命名的政治艺术 / 1
- 二、早期自然资源利用的不同章法 / 5
- 三、商鞅变法的逻辑与统御之道 / 7
- 四、西汉萧何九章律的政治权术 / 10
- 五、汉武帝缗钱令的政治经济用意 / 13
- 六、君主独裁政治与明初刑法革新 / 19
- 七、明大诰的性质重释及多重功能 / 23
- 八、清末宪法之名的选用及其影响 / 28

第二章 古典立法的技艺理性 / 35
- 一、皋陶作刑：早期法律移植和立法解释 / 35
- 二、铸刑事件：春秋法制公开化和法典化 / 39
- 三、制法传统：两步合一步与古代判例 / 44
- 四、律典繁简：重新评估秦法是否繁苛 / 47
- 五、律典长短：秦汉律典权威的可视化 / 50
- 六、律典跳板：玄学之于魏晋律的作用 / 53
- 七、关中与江南：隋代杨氏父子的律典之别 / 56
- 八、化外人条款：唐以来规范的逻辑及影响 / 61
- 九、家训或世范：南宋袁采对家国法的理解 / 69

第三章 古典司法的政治逻辑 / 85
- 一、正大光明与司法装饰技艺 / 85
- 二、家长治理与司法庭院主义 / 90
- 三、司法的政治平衡：会审官员结构与知识交互 / 93

四、司法的政治转化：缇萦救父背后的法政较量 / 97
五、司改政治图景：朱元璋的蓝图与绑缚进京 / 101
六、司改政治交锋：董仲舒的韬晦与春秋决狱 / 109

第四章　古典司法的技艺理性 / 113
一、神性组合与司法形象塑造 / 113
二、社神崇拜与司法权威构建 / 117
三、程序之源与早期司法要义 / 122
四、疑罪处理与司法减压技术 / 126
五、简单司法技艺：兼审判技艺和理论的五听 / 131
六、复杂司法技艺：古代能吏办案的手法偏好 / 137
七、司法检验技艺：洗冤集录与理冤思维传统 / 142

附录：桃李之言 / 149
文章千古事　教书方寸心（郭思晨）/ 149
斟酌古今　精妙发微（吴伊琳）/ 151
读匠心之作　感法史新知（徐翼）/ 152

后记：在细致入微的书写中找寻典藏 / 154

第一章

古典立法的政治逻辑

一、夏商西周刑典命名的政治艺术

(一) 夏商周乱政作刑及命名传统

《左传·昭公六年》有载:"夏有乱政,而作禹刑。"禹刑成为以夏为中心的城市国家制止叛乱的主要对策,这是古代法典"刑起于兵"的传统。禹刑首先确认了"不孝"为罪之首,"五刑之属三千,而罪莫大于不孝"。这正是夏王启为表孝心而定名"禹"刑的理由吧。启让世袭制取代了部落联盟时代的禅让制,在刑典中格外地强调"孝"本意当然是为了维护"家天下"的王位继承制。当时的城市国家,王与部族贵族之间并无绝对的忠诚关系,仅是依靠贡赋体制保持一种简单的物物交换,很难产生"移孝于忠,由家到国"的忠孝意识。因中央与地方联结松散,各级贵族组织仍然要保持旧的血缘关系以巩固自身的地位,严格区分姓氏,并依姓氏之别建立了各自的宗族关系。这种宗族关系以父权家长制为核心,按其班辈高低和族属亲疏来确定各级贵族的等级地位。在父权家长制的大形势下,当然只能无限制地拔高或推崇"孝"了。

禹刑的具体内容现已无从可考,但在东汉郑玄看来,五刑至少包

见微知著：中国法律史的政治逻辑与技艺理性

括大辟二百、膑辟三百、宫辟五百、劓墨各千，相传均为皋陶所创。皋陶和伯夷同为辅佐大禹治水的功臣，二者之间必然诸多联络。皋陶作刑，很难说没有得到伯夷的指点或启发。

  文献记载的商朝与夏朝一样，"商有乱政，而作汤刑"。汤刑以商朝的建立者成汤的名字命名，更是继承了禹刑命名中所蕴含的对王权世袭制的肯定。甲骨文中已有墨、劓、刖、宫的记载，说明"五刑"在商代应用已十分广泛。荀子曾认为，"刑名从商"，如果东汉郑玄所说属实的话，倒不如说"刑名从夏"。到了西周，依然是"周有乱政，而作九刑"。九刑一说为"刑书九篇"，另说认为"九刑"是五种正刑——除了继承夏商以来的墨、劓、宫、刖、大辟外，再加上流、赎、鞭、扑四种。一改刑典命名的政治风格，完全以简单的章节数目命名，汉代延续了西周的这一做法，故汉法或称为"三章之法"，或称为"九章律"，或统称为"汉律六十篇"。

  不过，到西周之际，天子和诸侯关系发生了深刻的变化。并不是先有天子后有诸侯。在周武王成为天子之前，大多数诸侯都已存在。天子反倒需要得到地方多数诸侯的认可方可具有实质性的意义。虽然周天子有天下，但诸侯有国，卿大夫有家。家是卿大夫统治的区域，担任家的官职通常是"士"，称为家臣。也就是说，"天子—诸侯—卿大夫—士"这一封邦建国体制，需要以卿大夫和士组成的"家"，以及诸侯的"国"为基础才能成为可能，这就是后来儒家在东周礼崩乐坏之后，重提"齐家治国平天下"，将"家"和"国"放在"天下"之前，恢复西周礼制的重要缘由。

（二）天子诸侯关系下的吕刑之名

  西周第四代周昭王即位，王道微缺，恰逢诸侯鲁国政变，弟杀兄而夺取侯位，昭王竟毫无办法，只能听之任之，致使恃强凌弱的现象屡屡发生，朝纲偏斜。此后，昭王试图通过强大的军事实力重整中央权威，派兵征讨东夷和楚地，以武力征伐威慑四方。到其继任者穆王时，因开支过大，导致财政空虚。仅靠外力制止乱政，并不能解决根本问题，问题的根本在于统治阶层内部。穆王认为应当及时调整执政方向，从建立内部规章，整肃班子做起。于是，他任命伯冏为太仆，向王官重申执政规范，并以伯冏之名发布"冏命"，天下又重新安宁。如此看来，王的政令竟到了要以诸侯的名义发布才能奏效的地步，足见王道衰微的程度。作为先例的"冏命"生效，穆王又任命地方诸侯吕侯为司寇（又称"甫侯"）"度时作刑"，在修订九刑的基础上制作"吕刑"，以"命"和"刑"重新整顿行政和法律。"度时"之"时"表面上是指昭王之际的地方乱政，但实质上则是基于对当时天子和诸侯之间新关系的考虑。冏命和吕刑之名在一定程度上反映了当时天子依赖于诸侯的西周封建新关系。

司寇作为官名，最早出现在西周，其位次于三公，与六卿相当，掌管刑狱、纠察等事务。各诸侯国亦效仿，置此官。据《左传》记载，周成王时封康叔于卫，康叔就身兼王室司寇。自西周中期起地位渐低，金文中未见到有册命为专职司寇的大臣。重新以司寇启用吕侯，也正反映了西周穆王时期意在通过拉拢地方诸侯，重整王政。

吕侯的先祖是尧舜时代的伯夷。禹命伯夷为水官，助禹治水，遂因治水有功，被舜帝赐氏曰吕，封为吕侯。因伯夷乃炎帝之后，帝舜晚年赐伯夷恢复其祖姓，即姓姜，使炎帝子孙得以复兴，经夏商两代

而到姜尚，后人皆称"姜姓吕氏"。伯夷的先祖曾被封为掌管四方的"四岳"，舜帝也就让伯夷担任"四岳"之官。

四岳，一说为共工的从孙为四岳之官，掌师诸侯，助禹治水也。因四岳掌管地方山川河流走向，亦属地方诸侯序列。另一说为尧帝之臣羲、和四子，分掌四方之诸侯。不论哪种说法，四岳都是四方诸侯之官，伯夷也担任四岳，并为诸侯之长，是绝对的地方诸侯。据《史记·五帝本纪》载："伯夷主礼，上下咸让。"这足以说明吕侯世家在秩序重整方面早就颇有声望。而作为辅佐武王伐纣的姜尚，既是吕侯的先祖，更是重整商周更迭之际秩序的高手。因此，周穆王启用对西周王室厥功甚伟的吕氏家族来重整秩序是有足够理由的。更何况吕侯也没有辜负周穆王厚望。

吕刑的刑罚并没有因袭《周礼》。据《周礼·秋官·司刑》载："墨罪五百，劓罪五百，宫罪五百，刖罪五百，杀罪五百。"吕刑则是"墨罚之属千，劓罚之属千，剕罚之属五百，宫罚之属三百，大辟之罚，其属二百，五刑之属三千"。虽然都是自夏代以来的3000种五刑，但轻重刑之间的安排有了变化。作为辅佐第二代成王的周公制作的《周礼》按照均等化的种类配置五刑，而作为第五代穆王制作的吕刑则分别缩减了作为重刑的宫与大辟的种类，于是轻重有别的刑罚体系确立。吕侯与周公制定的刑典不同，正说明了吕侯锐意改革的决心。如按郑玄所说，吕刑对五刑的调整又回到了禹刑的标准，所以，以"吕"来命名，或许是对大禹时代作为炎帝一派祖先伯夷的追认。周王室是姬姓黄帝一脉，黄帝与炎帝部落曾发生阪泉之战，结果黄帝打败炎帝，两部落渐渐融合成华夏民族，炎帝的后代则成为辅佐黄帝后代的肱骨之臣。穆王将重整国内秩序的重典命名为吕刑，将作为"王"的刑——禹刑和汤刑，一变为"臣"的刑，很可能是希望借强化同炎帝一脉诸侯的关系，进一步巩固炎黄联盟，提升对四方蛮夷的威权统治。1976年陕西扶风出土的礼器"史墙盘"，以史官的口吻评价穆王曰"刑帅宇诲"，就足以证明穆王对刑典名称的革新在当时被视为重大的功业和政绩流传后世。

二、早期自然资源利用的不同章法

殷商针对弃灰于道者皆断其手的做法，被学者视为中国史上最早的环境保护法。商鞅变法时也照章办理，一般人将其视为秦法严苛的表现。明代张萱在《疑耀·秦法弃灰》中认为秦代禁止弃灰于道，是为了保护过往的马驹不会畏灰而亡："马性畏灰，更畏新出之灰，马驹遇之辄死，故石矿之灰，往往令马落驹。秦之禁弃灰也，其为畜马计耶？"不过还有观点认为，弃灰往往藏有火星，遇风吹散，可能引起山火，故禁止弃灰，是史上最早的山林消防法规。湖北云梦出土的秦简有《田律》的相关规定：春天二月，不准到山林中砍伐木材，不准堵塞水道；不到夏季，不准烧草作为肥料，不准采刚发芽的植物，或捉取幼兽、卵，不准……毒杀鱼鳖，不准设置捕捉鸟兽的陷阱和诱网，七月才解，只有因死亡而需要伐木制造棺椁的才不受季节限制等等内容，具体指出了山林薮泽资源的使用规则。

西周对自然资源特别重视。据《左传》载，周王和诸侯经常要举行狩猎，狩猎的目的则是为祭祀而准备供品。"国之大事，在祀与戎"，除祭祀外，打仗用的战车及甲胄的皮革、弓两端上的骨角、战旗上使用的鸟的羽毛等等战争物资都需要通过狩猎来获取。既然狩猎如此重

要,对山林薮泽等自然资源采取有效保护措施就是理所当然了。于是,西周就出现了专门管理狩猎场的官员"虞人"。《周礼·天官·大宰》载:"以九职任万民:一曰三农,生九谷;二曰园圃,毓草木;三曰虞衡,作山泽之材……""虞衡"就是"虞人","衡"正是为了强调保持山泽资源的平衡。"虞衡"和"三农"都同时作为九职之一,说明虞衡和农人有所不同,很可能是从渔猎采集的非农业之人中选拔担任的,具备山林薮泽生态系统的专业知识。虞衡负责监管所有出自山林薮泽的物材,甚至连国君也不得干涉。东夷族部落首领皋陶之子伯益就曾因善于狩猎,被帝舜任命为"虞"。《左传》中还记载了虞人为劝诫国王田猎而作的箴谏——"虞人之箴":"民有寝庙,兽有茂草;各有攸处,德用不扰。"这是虞人坚守的人兽关系共处原则。只有在不破坏这种人兽共存关系的前提下,才允许国人从公共山林薮泽中获取资源。虞人从增进公共福利的目的出发来管理自然环境和资源,因此被赋予了巨大权力,还可以享有同诸侯并列的待遇。日本学者增渊龙夫认为,到了战国以及秦朝时,君主开始不断将所有自然资源的使用权纳入到王权的控制范围,试图通过独占山林薮泽来确认和巩固个人专制权力,不再谋求自然资源神圣性和公共性的意义,于是,虞人统一管理自然资源的权力被分割,最终沦为仅是看管薪材的低级官员了。①

秦国也不例外,为了在短时间内迅速强大,秦王不仅最大化利用国内资源,还通过兼并将巴蜀和楚国的山林薮泽悉数收入囊中。以楚国为例,自西周始,楚国的政治中心就位于汉水流域附近,富饶的云梦泽成为楚国的重要资源储备地。当时的楚国完全是建立在生态资源基础上的大国。司马相如的《子虚赋》形象地描绘了云梦泽的丰富物产:"楚有七泽,尝见其一,未睹其余也。臣之所见,盖特其小小耳者,名曰云梦。云梦者,方九百里……其山则盘纡茀郁,隆崇嵂崒……其土则丹青赭垩,雌黄白坿,锡碧金银,众色炫耀,照烂龙鳞。……其卑湿则生藏莨蒹葭,东蔷雕胡……众物居之,不可胜图。……

---

① [日]上田信:《森林和绿色的中国史》,朱海滨译,山东书报出版社2013年版,第50-51页。

其北则有阴林，其树楩枏豫章，桂椒木兰，檗离朱杨……其上则有鹓雏孔鸾，腾远射干；其下则有白虎玄豹，蟃蜒貙犴。"可以说是应有尽有，何况还只是一个小小的云梦泽而已。

连接秦楚之间的通路，古称"丹江通道"。丹江通道是连接关中平原、南阳盆地，以至江汉平原的纽带，古人又称"商於道""武关道"等。公元前312年，秦国试图通过占据丹江通道，直取当时楚地的汉江平原。由此经由丹江入汉江，再达长江，占据云梦泽等大片山林资源。然后又可南下湘江，以灵渠沟通漓江，进入珠江水系，争夺南越的丰富物产。这些都在秦始皇时梦想成真，但起因还是对自然资源的争夺。日本学者上田信认为，秦亡楚后，楚国的山林就成了秦国大规模建设事业的木材供应地，阿房宫的建设汇集了蜀和荆地几乎所有的木材。① 于是，上述秦律《田律》对自然资源利用的细致规定，就是秦将所有资源纳入到帝王个人统制之下，最大化利用地方资源的真实写照，完全是皇权专制的象征而非什么环保理念。

三、商鞅变法的逻辑与统御之道

（一）新型等级制下的阶层关系

商鞅自幼"好刑名法术之学"，青年时曾在法家势力强大的魏国游学，深受法家思想的熏陶。公元前361年，商鞅应秦孝公的招贤令，挟李悝的《法经》敲开了秦国的宫门，成为秦廷的座上宾。他先后于公元前356年和公元前350年两次主持变法，推行"废井田，开阡陌"、郡县制、奖励耕战、实行连坐法，核心是以"农战"为"一务"，围绕富国强兵，构建新型王权专制模式。

商鞅将西周推行的"天子—诸侯—卿大夫—士"等级制度进一步细化，以便推行按军功授爵的制度，爵位具体分为20级，依次为：1. 公士；2. 上造；3. 簪袅；4. 不更；5. 大夫；6. 官大夫；7. 公大夫；

---

① ［日］上田信：《森林和绿色的中国史》，朱海滨译，山东书报出版社2013年版，第56－58页。

8. 公乘；9. 五大夫；10. 左庶长；11. 右庶长；12. 左更；13. 中更；14. 右更；15. 少上造；16. 大上造；17. 驷车庶长；18. 大庶长；19. 关内侯；20. 彻侯。其中 1～4 级相当于士；5～9 级相当于大夫；10～18 级相当于卿；最后两级相当于诸侯。更加细化且级别更多的爵位能够更加频繁地授予民众，使民众能够及时且直接感受到激励。级别的成倍增长让秦王奖励军功的机会增多，民众只要立功，便能立刻感受到来自秦王的肯定，这对于增强以秦王为中心的凝聚力和激励民众英勇作战，效果十分明显。此外，商鞅重新按照"4—5—9—2"（士—大夫—卿—诸侯）的模式分配军爵，尤其是十分突出卿一级别的数量，让平民得以通过军功进入国之重臣，进而为贵族阶层注入平民新鲜的血液，改变旧贵族既有的颓废之风，为秦王深层次改革提供了可以依赖的力量。

及时且频繁地奖励军功，为的是让平民看到进入政权核心的希望。不过，设计军功的这一切，是以编户齐民为目的而展开的。由于法家强调国家君主对治下百姓的绝对直接控制，进而控制整个国家资源，以强兵取胜，因此，法家所构想的国家治理方式，理所当然地是采取分化中间阶层，打消一切横在国家和小民之间的中间组织，让庶民直接面对国家，这就是所谓的原子化社会模式。而原子化的第一要务是废除世卿世禄制，捣毁贵族特权。第二，原子化必须要对已有的庶民进行重新清查整顿，于是就有了以编户齐民为主的标准化户籍政策。春秋以来，阶级消融，理论上所有人的身份均是平等的，是谓"齐民"；国家将他们一一纳入官方名册记录，以户为单位来掌握人民，是谓"编户"。春秋战国之际，列国通过辟土服远和建郡设县，已把中央直接统治区扩大到了鄙野。鄙野之民（野人）因而转化为授田小农并被征用服兵役，因军功而地位上升。再加上因功授田，私有制高度发展，促使国中家族纷纷解体。在国为"市井之臣"，在野为"草莽之臣"，总之，不分国野，皆为庶人，都一齐被称为新兴领土国家内的编户齐民。秦国也不例外，原子化后的个人没有了家族的庇荫，只有凭借商鞅变法提供的政治利好，尤其是以军功授爵，急切渴望进入官僚贵族阶层才能寻求新的安身。也就是说，只有充分凝聚在秦王周围，时刻听从秦王调遣,才能最大程度保护自己的既得利益。因此,商鞅变法构建了一个以秦王为中心、个人与秦王之间再无任何中间阶层的新型"国家—个人"关系,最大程度上为秦国的迅速崛起奠定了基础。

除此之外,商鞅变法还构建了一个考验个人对秦王忠诚的监督体系。当然,除了依靠编订户口什伍连坐制度,鼓励告奸,令百姓自相监督,国家坐收渔利,提高管理效率外,商鞅还推行来自道家"愚民"的那一套。汉代大儒董仲舒在评价商鞅时,就称"其心欲尽灭先王之道,而颛为自恣苟简之治"①。愚民之余,再加上"繁刑严诛,吏治刻深"②,利用极端功利且简单粗暴的治理方式在变法十年的短时间内令"秦民大悦,道不拾遗,山无盗贼,家给人足。民勇于公战,怯于私斗,乡邑大治"③。

(二)法家商鞅的个人行为主义

法家商鞅通过建立严苛繁杂的法令,以刑去刑,刻意简单残暴且机械地对待"草民",并利用奖励告奸构建监控网络,恩威并重,不断

---

① 《汉书·董仲舒传》。
② 《史记·秦始皇本纪》。
③ 《史记·商君列传》。

分化社会中间组织，在编户齐民的幌子下，行"编户愚民"之实。无怪乎在儒家荀子看来，"殆无儒"是"秦之所短"①，"无儒"即是说当时的秦人没文化。这就是商鞅变法为构建新型"国家—个人"关系时的主要驱动力。简而言之，商鞅变法目的就是不断弱化和分化群体中的个人，强化和神化秦王，当然颇受秦王垂青了。

以商鞅为代表的法家主张刻薄寡恩，抄袭道家绝圣弃智，培养一群完全属于国家且只能遵照国家意志行动的国民，打造一个"不诚信，没温情"的社会，这是为春秋战国新时代塑造了一个新的国家样式。以往周王分邦建国的体制早已被打破，儒家还期望通过"克己复礼""法先王"来回到过去，这未免也太天真，完全不符合当时列国诸君都想取周王而代之的"世界潮流"。就此看来，儒家是"向后看"的，法家则是"向前看"。儒家于是力主"法先王"，虽然颇有守旧之弊，但守旧终归是用来倡导"孝"的，即用"法先王"制约后王，这对于保障王权的稳定性颇有裨益。法家则是主张"法后王"，打破陈规，勇于创新，如商鞅变法般最大程度地将每个国民打造成"王的人"，并且建立了一整套打造新国民的国家标准，这就是法家的个人行为主义。国家在法家思想体系中便成了王权之生产再造的机器。就此来看，法家的法制实则是为了杜绝国民的私欲之心和懒惰之心，将国民身心皆控制在国家手中，事无巨细地制定各种标准——密如凝脂的法网。反过来看，注重效率的法家竟然能在商鞅变法的公元前4世纪就已经规划出了如此考虑周全、设计科学精准的行为规范，未尝不是对早熟的中国政治的一大贡献。

四、西汉萧何九章律的政治权术

萧何，智不比张良，勇甘拜韩信，以文吏出身，只长于钱谷刑名。在刘邦攻克咸阳后，惟萧何不取金银宝玉，直奔秦宫图籍所藏之地，将律令档案悉数收入囊中，以备将来参照之用。这是在楚汉之争时，萧何能够留守关中，为前线源源不断地输送士卒粮饷的重要保障。正

---

① 《荀子·儒效》。

如他自己所言："臣无所长，一生为吏，对于前朝典籍，视为至宝，平日得以借鉴。"而正是由于萧何卓越的人口管理和赋税征调能力，才加速了刘邦称帝的进程。

（一）议定首功背后的群臣认同

公元前202年2月，刘邦登基后论功行赏，战功最多、作战勇猛的曹参被推举为第一。当时在场的只有鄂君提出了异议，他认为萧何不仅每逢刘邦危难之际，及时补充兵员勤王，而且克服诸多困难保证前线供给。"兵马未动，粮草先行"，萧何的贡献是任何战功无法比拟的。连刘邦也当场称萧何"镇国家，抚百姓，给馈饷，不绝粮道，吾不如萧何"。

鄂君的异议正中刘邦下怀，但不乏二者早有预谋。考虑到当时已身为"关内侯"的鄂君继承的正是萧何苦心经营的关中之地，也很难说他不是刘邦的托儿。但这也说明萧何位列首功，一开始并未得到认同。萧何当时虽未发一言，但内心定是波涛翻滚。

（二）从九章律篇目看萧何首功

萧何原是秦国沛县主吏掾，辅佐县令考核官员征收钱粮赋税和司法审判,十分熟稔秦法。刘邦的"约法三章"也是萧何的建议,于是"天下既定,命萧何次律令,韩信申军法,张苍定章程,叔孙通制礼仪,陆贾造《新语》"。萧何成为制定汉律的不二人选。"次"乃删次之意,萧何是直接在李悝《法经》六篇(盗、贼、囚、捕、杂、具)之后,增加户(户口管理、婚姻制度和赋税征收)、兴(主要规定征发徭役、城防守备)和厩(主要规定牛马畜牧和驿传方面)三篇,合为"九章律",简单省事,颇有投机取巧之嫌。

《法经》作为"法之经典",篇目排列体现了分则在前,总则(具法)在后的"分总"模式。"九章律"的篇目排列却完全破坏了这一经典,显得不伦不类。刘邦建汉,自认承继西周之水德,根本不承认秦的国祚。这是萧何次律,同样承继西周的魏国《法经》为蓝本的根本原因。当然,萧何在同以《法经》为准的秦法基础上直接增加三篇,也颇合"汉承秦制"之意。然刘邦毕竟另立新朝,当然该有所新气象,这是萧何不完全延续"分总"模式的又一原因。

如果萧何在汉初考虑到从"打天下"到"治天下"的时局转化,而将"户兴厩"三篇作为新朝的主要工作重心,则正常的应该是单列出来与"盗贼"篇并置,三篇的位置可放在"盗贼"篇之前或之后,这是汉代之后律典的主要做法。但这样就使得"户兴厩"三篇被淹没在了"分总"的体系内,不再那么显眼。如果考虑到新增三篇具体内容的话,这三篇全是萧何辅佐刘邦称帝的主要政绩,也是萧何之所以能位列首功的重要支撑。

更合理的解释是,看似杂乱无章的"九章律"或是萧何有意为之,而非敷衍了事。萧何为了进一步坐实自己的首功,充分利用建章立制的机会,将自己的功德"户兴厩"三篇直接放在本已经很有逻辑体系的六篇之后,虽然稍显突兀,看上去十分碍眼,但也十分显眼,能够不断地告诫后人。并且,"九章律"的命名除了满足皇帝"九五之尊"的专权欲望外,还足以吸引后人去看萧何的"九章"到底与李悝的"六篇"有什么不同,多了什么内容,无形中提高了"九章律"的知名度,实乃有普法之功效。同时,又满足了萧何以此命名的私欲,足见萧何之谋略。

五、汉武帝缗钱令的政治经济用意

（一）汉武帝缗钱令的出台、实施与本质

汉代实行重农抑商之国策，高祖时即禁止商人子孙出仕为官及衣丝乘车。惠帝、高后"复驰商贾之律"①，文帝于公元前176年颁布诏书，宣称农业是立国之本，这一申明在后来的诏令中也被多次提及。"反复申明"表明当时已无法用政治手段解决抑商的痼疾。虽然晁错主张纳粟受爵以配合削藩，但"今法律贱商人，商人已富贵矣，尊农夫，农夫已贫困矣"②。当时"民近战国，皆背本趋末"③。至武帝初，商业已颇具规模，全国已形成关中、巴蜀两大商业城市，和三河④及八大都会⑤，商人生活自然无虑，"抑商"名存实亡。

汉初坚持休养生息，人口增长惊人。初期（前202年）人口在1500万～1800万之间，到武帝初期，总人口达3600万，激增了2～3倍。⑥ 武帝的开疆拓土部分是为了解决生计问题，但"其动机多由于商业也"⑦。加上粮食单产普遍不高，自然灾害频仍，⑧ 导致在对匈奴用兵14年后，"是时财匮，战士颇不得禄矣"⑨，以致"县官大空"。在元狩四年（前119年）夏之后，以农业税为基础的财政体制面临着前所未有的考验。而增加农业税，不仅违背西汉初期以来轻田赋的基本国策，⑩ 更为武帝所支持的儒家思想不容。皇帝可支配的财富锐减，

---

① 《史记·平准书》。
② 《汉书·食货志》。
③ 《汉书·食货志》。
④ 根据《史记·货殖列传》所载，三河之地即河东、河西、河南，是依黄河发展而形成的城市群。
⑤ 王孝通：《中国商业史》，上海书店1996年版，第57-58页。
⑥ 葛剑雄：《西汉人口地理》，商务印书馆2014年版，第73-84页。
⑦ 王孝通：《中国商业史》，上海书店1996年版，第62页。
⑧ 自建元元年（前140年）到元狩四年（前119年），较大的自然灾害共有9次，22年间平均每两年就有一次。而文帝当政时较大的灾害有4次，景帝时则有3次，具体参见《汉书·武帝纪》。
⑨ 《史记·平准书》。
⑩ 汉文帝期间减为三十税一，汉景帝二年改革定为三十税一，参见《汉书·文帝纪》。

相反的是，商人充盈暴富，"千金之家比一都之君，巨万者乃与王者同乐"①，俨然地方藩王，已有"素封"之名。② 然商业并没有主动反哺国家，商贾都"不佐国家之急"③，武帝甚觉窝火。财富的鲜明差距，与他所追求的中央集权专制根本不符。虽然有例外，例如投机商人卜式窥得圣意，上书表示自愿捐献半数家产以支援前线，"有财者输之，如此而匈奴可灭也"④。"天子乃思卜式之言，召拜式为中郎，爵左庶长，赐田十顷，布告天下，使民知之。"⑤ 皇帝除了给卜式封官拜爵外，还希望天下效仿，准备以温和形式改变外强中干的事实，但成效并不明显，"百姓终莫分财佐县官"⑥。

为了解决国弱商强的问题，元狩四年（前119年）冬，张汤建议并推行"初算缗钱"。⑦ "缗，丝也，以贯钱也。一贯千钱，出算二十"，即按照2%对商人现货现钱征税，⑧ 类似营业税及附加费。因遭大农令颜异的反对，最终不了了之。但皇帝的地位和财富不成比例的事实仍亟待改变。元鼎元年（前116年），算缗令得到恢复，并且"排富商大贾，出告缗令，钳豪强并兼之家"⑨。因告缗之故，征收范围扩大到民田、房宅、车船、畜产和奴婢等一般财产之上，由营业税变为财产税，以掩饰侵夺商贾之财的耳目："诸贾人末作贳贷卖买，居邑稽诸物，及商以取利者，虽无市籍，各以其物自占，率缗钱二千而一算。诸作有租及铸，率缗钱四千一算。……"⑩ 贾人、囤积商和高利贷者，就手中货物估价折算，按税率6%缴纳。手工业者则按照存货折价以3%计税。史载："武帝伐四夷，国用不足，故税民田宅船乘畜产奴婢

---

① 《史记·货殖列传》。
② 《史记·货殖列传》载："今有无秩禄之奉，爵邑之入，而乐与之比者，命曰'素封'。"张守节谓之曰："言不仕之人自有田园收养之给，其利比於封君，故曰'素封'也。"
③ 《史记·平准书》。
④ 《汉书·公孙弘卜式儿宽传》。
⑤ 《史记·平准书》。
⑥ 《史记·平准书》。
⑦ 《汉书·武帝纪》。
⑧ 马大英：《汉代财政史》，中国财政经济出版社1984年版，第69页。
⑨ 《盐铁论·击之》。
⑩ 《史记·平准书》。

等,皆平作钱数。"① 另外,汉代以"市籍"识别商人身份来征收商业税,因大商贾不必亲自从事交易,往往没有市籍。缗钱令一出,突破了市籍限制,直指大商贾。

为保障告缗令的执行,武帝特别安排了酷吏杨可负责,凡"匿不自占,占不悉,戍边一岁,没入缗钱。有能告者,以其半畀之"。并指派御史廷尉正监前往地方监督告缗令的执行,还对公开反对者义纵处于极刑。②"其初亦只为商贾居货设,后告缗遍天下,则不商贾而有积蓄者,皆被告也"③。缗钱令已变质为任意侵夺富民大户财产之策,结果自然是"得民财物以亿计,奴婢以千万数,田大县数百顷,小县百余顷,宅亦如之"。中央财政充裕,"县官有盐铁缗钱之故,用益饶矣"④。可以说,缗钱令的实施即是西汉将私人财产全面国有化的过程,以保障中央专制集权统治之财力基础,建构强干弱枝的央地新关系。

国有化的目的是财富的二次分配,使社会资本重新聚拢在皇帝手中,⑤ 重击依附于地方藩王的商人豪强等有碍于中央集权体制的人士。皇帝借机也可笼络依附在自己身边的各级官员,史载:"及杨可告缗钱,上林财物众,乃令水衡主上林。上林既充满,益广。是时越欲与汉用船战逐,乃大修昆明池,列观环之。治楼船,高十余丈,旗帜加其上,甚壮。於是天子感之,乃作柏梁台,高数十丈。宫室之修,由此日丽。乃分缗钱诸官,而水衡、少府、大农、太仆各置农官,往往即郡县比没入田田之。其没入奴婢,分诸苑养狗马禽兽,及与诸官。诸官益杂置多,徒奴婢众,而下河漕度四百万石,及官自籴乃足。"⑥ 上林苑充实的同时,顺带扩充了水衡的权力,而且增设农官,虽使官吏冗杂,职能混乱,但足以成为武帝的政治资本。另外,还直接分缗钱和奇珍异兽给诸官,以吸引曾依附于藩国的人士弃暗投明。大发横财

---

① 《史记·张汤列传》。
② 《汉书·酷吏传》载:"义纵以为此乱民,部吏捕其为(杨)可使者。天子闻,使杜式治。以为废格沮事,弃纵市。"
③ 《文献通考·征榷考》。
④ 《史记·平准书》。
⑤ 有学者认为财产税的征收规定就是意在剥夺商人的土地,并将之转由政府直接控制。转引自许倬云:《汉代农业》,江苏人民出版社2012年版,第42页。
⑥ 《史记·平准书》。

的武帝因匈奴战事告捷，只将缗钱所得部分用于战船建设，对匈奴作战无济于事，不过是炫耀武功罢了，华而不实。

（二）实为削藩的缗钱令及中央专制的政治构建

战事意味着贸易机会，滋养了在边关交易、畜牧业与运输业、采矿业与冶铁业等以发战争财为业的富商大贾。如西汉初期以冶铁致富的卓氏、程郑、宛孔氏、邴氏，以卖盐致富的刀闲，以货运致富的师史等，抑商重点针对的则是这些行业。商人与地方藩王相互利用：商人利用诸侯王的政治特权谋求暴利，并且成为城市首领；诸侯则利用商人的资财来强化藩王割据，威胁中央。而富商大贾"因其富厚，交通王侯，力过吏势；以利相倾，千里游敖，冠盖相望，乘坚策肥，履丝曳缟"①。"封君皆低首仰给。"② 于是，在最初的一百年，皇帝一直在和颇具影响力的城市首领们进行斗争。③ 就此目的来看，缗钱令通过加重商人税负，是在配合削藩，瓦解商人与藩王相互依附的连带关系，重新利用皇帝所掌握的官职优势，吸引商人向皇帝靠拢。

---

① 《汉书·食货志》
② 《史记·平准书》。
③ 许倬云：《汉代农业》，江苏人民出版社2012年版，第1页。

由商人官成为春秋战国之际大发战争之财的投机商人洗白自己、完成华丽转身的当然之选，虽然成功者只在少数，如春秋的陶朱公和战国的吕不韦。武帝则进一步拓宽了这一洗涮商业原罪的道路，以"胡萝卜"作为诱饵。他一方面利用盐铁官营，"作官府，除故盐铁家富者为吏。吏道益杂，不选，而多贾人矣"①。通过抑制私营工商业而非官营工商业的发展，将由商业而形成的社会控制力和影响力，牢牢把握在帝王手中。否则"由商业创造的独立在政治体制之外，会成为一种不受政治控制的商人群体所固定地把持的资源，这是统治者不愿容忍的"②。另一方面推行入财拜官，"入财者得补郎，郎选衰矣"③。以此将大小商人都入武帝之彀中，瓦解地方藩王同商人之间的依附关系。正所谓识时务者为俊杰，6%高税率的"大棒"，使商人不得不寻求与忠于皇帝的政客合作。官员从缗钱令中所获的巨大财富，让他们看到了商业的巨大利润，于是也加入到经商聚财的队伍中。这样，作为皇帝官僚阶级队伍一份子的官员和商人就会被牢牢绑定在以皇帝为代表的中央利益集团上，任由皇帝宰割。

商人从藩商开始变为朝商，新型的官商经济开始形成。西汉后期，巨富多为官商，如张汤之子张安世、赵王彭祖、霍禹、何显、张禹。他们"不仅可以垄断地方权力，而且可以垄断巨额财富，因此工商化的发展再也没有开始的机会了"④。同时，缗钱令的推行使"郡国颇被菑害，贫民无产业者，募徙广饶之地。陛下损膳省用，出禁钱以振元元，宽贷赋，而民不齐出於南亩，商贾滋众。贫者畜积无有，皆仰县官"⑤。帝王通过赈灾救济，使处在破产边缘的郡国之民感恩戴德，唯有仰仗和支持中央的皇帝。在此，缗钱令与削藩所用的推恩令就并无二致，并且扩大到全面的推恩，官民皆因缗钱令而受益。

---

① 《史记·平准书》。
② 许倬云：《汉代农业》，江苏人民出版社2012年版，第40页。
③ 《史记·平准书》。
④ 许倬云：《汉代农业》，江苏人民出版社2012年版，第160页。
⑤ 《史记·平准书》。

（三）新型官商关系所致的经济衰败和社会对立

不过，虽然缗钱令直指削藩和推恩，但并未考虑一系列的连带后果，如因官商经济盛行而导致的工商业持续乏力，和因社会阶层分化带来的社会动荡等。对于略有结余、生活相对宽裕的中产来说，因未能找到政治庇护，只能任由宰割。自算缗令到元封六年（前105年）废除告缗令，已有14年，"于是商贾中家以上大率破"①。巧取豪夺令百姓心有余悸，即便告缗遭废，但"民偷甘食好衣，不事畜藏之产业"②。工商业几乎遭到了彻底摧毁，"商者少，物贵"③，通货紧缩，以致供应不足，而地产投资倒是吸引了大量社会资本。

缗钱令实施之初，为防止商贾购置地产以避税，严禁投资地产。算缗令的征收范围也扩大至民田，压制了商贾豪强对田产的投资。随着缗钱令遭废，以及官商经济的强盛，商人不再拥有土地的禁令和不置田产的想法都随之消散了。④ 经历了相当随意的财政政策的折腾后，商人唯有严守"重农"之国本，力行农业，方可财富永享。于是官商大量购置田产，致汉初以来"以末致财，用本守之"的观念更加风靡，土地兼并愈演愈烈，土地兼并所带来的后果，便是佃农和豪强地主之间人身依附关系更加严重，平民生活极度贫困⑤，加上通货紧缩、战乱和自然灾害，使得武帝后期人口增长率过低。尤其是在削藩的意识形态指导下，诸侯王国、侯国的人口减少得更多。例如平阳侯国在武帝统治时历49年，人口的年均增长率只有6.9‰，低于全国平均增长率10‰。⑥

缗钱令亦是一把双刃剑。在地方藩王人口和经济规模削弱的同时，投资地产的官商又逐渐发展成地方豪强，乘机形成了新的地方势力，

---

① 《史记·平准书》。
② 《史记·平准书》。
③ 《史记·平准书》。
④ 许倬云：《汉代农业》，江苏人民出版社2012年版，第43页。
⑤ 马大英：《汉代财政史》，中国财政经济出版社1984年版，第14页。
⑥ 葛剑雄的研究认为武帝时期侯国人数锐减，在武帝期间的经历越长，人口增长率所受的影响就越大。参见葛剑雄：《西汉人口地理》，商务印书馆2014年版，第94页。

颇有地方藩国政治之遗迹。到汉昭帝之时，已出现官场"不耻言利者满朝市，列田畜者弥郡国"①之态。削藩之后，自中央到地方，新的经济垄断和权力垄断业已形成，于是，普通百姓通过经商致富和进入权贵阶层的机会越来越小，终致贫者越贫，富者越富。中产完败，社会缺少了通过中间阶层进行自我调适的可能，两极分化，上下对立很容易转变成对抗，极易引发社会动乱。因此，缗钱令虽然作为削藩之手段暂时消灭了"素封"的商人，但又制造了另外一种尾大不掉的势力和对抗群体，塑造了武帝之后新的政治经济关系。这正是在政治经济学意义上探讨缗钱令致汉代由盛转衰的原因。

六、君主独裁政治与明初刑法革新

朱元璋在大明开国之初即开始推行君主独裁政治，废除了自宋代以来的中书省和宰相，由皇帝直接统辖六部。与此相应的是，在立法上，洪武七年（1374年）二月颁行的460条《大明律》调整了唐律的12篇体例，形成了以六部为篇目的7篇体例，篇目的命名以行政职能替代了原来的法律行为，将律典进一步行政化，实际上颇有令的特点，以此导致了《大明律》的名存实亡。当然，这是朱元璋收归行政大权的重大举措。同时，在军事方面，不再设置类似于宋代枢密院的最高机关，另置五军都督府，直属于皇帝。且不再效仿宋代"杯酒释兵权"，而是通过罗织罪名诛杀有功之臣，在军队进行"大清洗"，为子孙统治扫清障碍。将民政和军政大权都收入囊中的独裁之举，让朱元璋难以兼顾各项事务，也不能保证独裁的效果。不久，朱元璋便设立殿阁大学士作为参谋。起初大学士的官职不高，以便皇帝控制，此后发展成明代的内阁政治。若进一步从法制的视角来窥视明初的君主专制扩张，则可以欣赏到另一种风景，获得另一番经验。

---

① 《盐铁论·救匮》。

(一) 罪名方面

朱元璋首创奸党罪,从奸党罪的惩处范围来看,据《大明律·吏律》规定:"凡奸邪进谗言左使杀人者,斩;若犯罪律该处死,其大臣小官巧言谏免,暗邀人心者,亦斩;若在朝官员交结朋党紊乱朝政者,皆斩,妻子为奴财产入官;若刑部及大小衙门官吏不执法律,听从主司指使出入人罪者,罪亦如之。"如此看来,奸党行为分为四类,前三类是从朝臣奸邪进谗言,扩展到为罪人说情,暗邀人心,最后直接规定"交结朋党,扰乱朝纲",如此模糊和不具有任何操作标准的主观罪状描述,不仅惩处本人,而且"妻子为奴财产入官",完全超过了前述进谗言和买人心的严重后果,成为"欲加之罪"的"口袋罪"。仔细分析来看,奸邪进谗言导致皇帝冤枉好人,与教唆犯类似,乃奸诈小人之举,其背后很可能有奸党的存在,以此打击政治对手。但所谓的"谏免",即为罪人说情,很可能完全出于正义感,并非为了暗邀人心,这种难以断定的动机竟作为定罪依据,实在是给皇帝过多的特权。以上三种所谓的"奸党",如果仅仅局限在政治领域的话,基本上可以算作是政治思想犯,可以成为"诛心"的理由。常言道,"君亲无将,将而必诛"。三类都可以视为扰乱皇帝朝纲独断之行为,背后即便是没有朋党的存在,但为了防患未然,未雨绸缪,也作为朋党来处置。在非常时期扩大打击面,以"重典"进行严打是可以理解的。

朱元璋还将其操控权扩大到了司法领域,即第四类——直接将听从主司枉法裁断定性为奸党论处。这一行为看似为了保障判官独立审判权,但实际上是向诸多下级官吏明示,他们只能忠于皇帝,而不能服从或忠于上方,头顶只有一个天,那就是皇天。各级官员不能嘴上喊着誓死效忠大明皇帝,而私底下却奉行"天高皇帝远""县官不如现管"的政治惯例。当然,前述两种行为都可以视为干扰司法,比如奸邪进谗言、借刀杀人,以及替罪人说情、网开一面。不过,都并不是直接针对司法官本身,而且前两类完全是可以统合在第三类"扰乱朝纲"之行为中的。因此,整个奸党罪的罪状描述应该是一个整体,而不是四类不同的犯罪行为,其目的都是为了强化中央集权专制,其后果便是,每逢内部出现危机,明皇帝总是迭兴大狱,并以奸党罪滥杀臣下,著名的胡惟庸案就先后处死3万余官吏。曹操也滥杀,但所杀者俱为性情狷介、恃才傲物的名士。而朱元璋所杀者,死得都有些莫名其妙,他们当中很多都是谨言慎行的士吏。奸党罪罪状描述的混乱和排列顺序的杂乱,完全符合其以刑杀达到威权之目的。当然,朱元璋以奸党罪滥杀是源自于他的自卑。尽管做了皇帝,但却必须按照儒家士大夫所定义的"皇帝"模样来做,对他而言,不仅十分陌生,而且掣肘过多。

如果从皇权的专制需要而言,朱元璋完全可以利用朋党"鹬蚌相争,渔翁得利",模仿类似宋代的"异论相搅"来设计官员"相互制约"的政治运作机制。但是,如果遇到不够聪明的"渔翁",或者懒惰的"渔翁",甭说"得利"了,能够辨别"相争"都成问题。因此,朱元璋认为倒不如将各项大权紧握在自己手中来得实在,这样就催生了强大的内廷密探队伍,包括东西厂和锦衣卫。中国历史上宦官当权的朝代有东汉、唐代和明代。不过,在东汉和唐代,宦官一般在王朝晚期权威失衡之际开始得势。而在明代,宦官从开国初期便在国家体制中占据重要地位,这就是君主独裁政治的后果。

(二) 刑罚方面

从明代的刑罚创新上，也可印证明代对中央集权专制的进一步强化，例如廷杖。最初隋文帝已有使用，但随着唐宋士大夫地位的提升，如此有辱斯文的惩罚举措当然没有生存之地。元代重新启用了廷杖，明代加以继承，由皇帝决断，司礼监监刑，锦衣卫执行，当场打死的概率在15%左右。朱元璋就曾将工部尚书薛祥杖杀于朝堂之上。武宗正德初年，宦官刘瑾秉承皇帝旨意，权责大臣，使朝臣多有死者。嘉靖年间因群臣谏争"大礼案"，被杖责的大臣多达134人，死者竟有16人。至崇祯皇帝也没有停止杖责大臣的制度。

究其实质而言，廷杖还算不上是刑罚手段，毕竟没有经过司法机关之手，完全是委付于密探特务，基本上可视为"特殊手段"。然而，杖毙大臣是没有任何法律后果的，锦衣卫和司礼监都不需要为杖毙大臣承担任何责任。其理由在于，廷杖类似于父亲教育儿子，而历代律典对以尊犯卑的行为多有宽容，更重要的是，明律坚持"重其所重，轻其所轻"的原则，据清代学者薛允升在《唐明律合编》一书中得出的结论，在用刑上，"大抵事关典礼及风俗教化等事，唐律较明律为重，贼盗及有关币项、钱粮等事，明律又较唐律为重"。这就意味着，杖毙无需担负任何法律后果，因此，明代皇帝可以随意廷杖大臣，对士大夫之斯文脸面极尽侮辱。

再如，充军刑始于宋朝，明代列为正式刑罚，按地点远近分六等：极边、烟瘴、边远、边卫、沿海、附近。这一刑罚设计并非按照之前传统流行根据里程来设定流放的远近，而是以较为模糊的附近、极边等来界定，实在是赋予了皇权更大的专断性。

洪武时代，没有征伐战功，没有伟大工程，没有任何波澜壮阔之举，与许多开国君主相比，朱元璋简直是太过安静的皇帝。但他都在默默地集中权力，为后世子孙从长计议。显然，他对自己在立法方面的革新甚为满意。对于《大明律》，朱元璋下诏"令子孙守之。群臣有稍议更改，即坐以变乱祖制之罪"①。并且，为了保证群臣忠于皇帝和律典，在《大明律·吏律公式》中首列"讲读律令"条，规定："凡国家律令，参酌事情轻重，定立罪名，颁行天下，永为遵守。百司官吏务要熟读，讲明律意，剖决事务。每遇年终在内从察院，在外从分巡御史、提刑按察史官，按治去处考校。若有不能讲解，不晓律意者，初犯罚俸钱一月，再犯笞四十附过，三犯于本衙门递降叙用。"②此条的本意是克服以八股文入仕之官不明于律令之学，以至临民之后每遇民词往往不辨是非，受制于幕吏的弊端而制定。但实际上更是为了将朱元璋亲自校读过的条文圣意原原本本地传达执行，这与颁行《大诰》并作为科举考试之指定教材，还规定"因有《大诰》，罪减等"的奖励措施十分相近。法典条例皆是帝王精神意志之体现，只有年年月月讲读律令（诰也是令），才能深入贯彻帝王之精神。并且在乡村建设旌善亭和申明亭，号召庶民大众讲读法令，宣传法制，实则是为了监督官员。③类似通过群众力量和智慧来控制官员的创举在朱元璋时代屡见不鲜，如"民拿害民该吏"等，皆是为了强化君权政治之专断。俗话讲，"无利不起早"，任何革新之举背后都有利益和目的驱动，更何况是饱经磨难终成正果的孤家寡人朱元璋。

七、明大诰的性质重释及多重功能

学界一贯认为，朱元璋制定的《大诰》乃刑事特别法或是法外之法。直到洪武三十年（1397年），《大明律》将《大诰》吸纳，采律诰合编体制，才正式赋予《大诰》的法律正当性。朱元璋道出了这一做法的真意："朕仿古为治，明礼以导民，定律以绳顽，刊著为令。行之既久，犯者犹众，故作《大诰》以示民，使知趋吉避凶之道……然法

---

① ② 《明史·刑法志》。
③ 一如钱大昕所言："古有儒释道三教，自明以来，又多一教，曰'小说'。小说演义之书，未尝自以为教也。而士大夫、农工商贾，无不习闻之。以至儿童妇女不识字者，亦皆闻而如见之，是其教较之儒释道而更广也。"当读写能力普及至社会较低阶层时，在快速扩展的印刷文化与较古老的口传文化之间有相当大的交集之处，包括流行的说书、公开朗诵，乃至于应该是神圣的圣谕宣讲等媒介（参见［美］罗威廉：《最后的中华帝国：大清》，李仁渊、张远译，中信出版社2016年版，第73页）。

在有司,民不周知,故命刑官取《大诰》条目,撮其要略,附载于律。"① 仿古为治,一是行周礼之六官,改唐律12篇为《大明律》7篇;二是仿《尚书·大诰》之名,将领袖意志上升为法度,并常讲常新,于洪武十八年(1385年)至洪武二十年(1387年),采辑惩治臣民过犯之经典案例及皇帝训令,相继制定《御制大诰》《续编》《三编》和专门针对武官的《大诰武臣》等,共236条。其中涉及贪污腐败和豪强富户的案例,与涉及平民犯罪案例之比为4:1,是对洪武朝以来政治纪律和形势政策的集中传达。

取名"大诰",意为大讲特讲道理,有将皇帝旨意和帝王精神年年讲月月讲之意。且以初编、续编、三编等命名,颇有认真讲道理的用心,颇有"明礼以导民,定律以绳顽"的功效。如果说《大明律》是"明刑",《大诰》可谓是"弼教"。这是朱元璋所倡导的"明刑弼教"之核心内容。《明太祖高皇帝实录》载《大诰》意在:"忠君孝亲,治人修己,尽在此矣。能者养之为福,不能者败以取祸。"《大诰》重在重申忠孝精神,是精神文明建设的读本。因此,《大诰》又与《皇明祖训》类似。《皇明祖训》是针对核心领导层的规训教育。《大诰》则针对被统治阶层的训诫警告,据《明史·刑法志》载:"《大诰》者,太祖患民狃元习,徇私灭公,戾日滋。"《大诰》被当然视为惩治奸顽之徒的特别法。但从《明史·刑法志》的完整记载看来,《大诰》当时"皆颁学宫以课士,里置塾师教之。囚有《大诰》者,罪减等。于时,天下有讲读《大诰》师生来朝者十九万余人,并赐钞遣还。"仔细分析此段,《大诰》的性质和意义就颇值得玩味。

首先,《大诰》是朱元璋个人的最高意志体现,传达的君王最高指示,与《皇明祖训》一般皆是圣训。用《大诰》来惩治奸顽,实质是为了惩治各级官员,无论是在任和将任的,都将受到最高统治者的规训和惩戒。

其次,《大诰》是时事政策的即时传达,是为诸多新出案例定调的

---

① [明]朱元璋:《御制大明律序》。

官方权威发布。因八股文主导着明代科场,① 要求士子从四书的经文或南宋朱(熹)注的解读中复述古人思想,"《四书》义及《经》义二式,仿古人语气为之,体用排偶,谓之八股"。② 不得"以意扭捏,妄作主张",因此,绝不允许作答放宽尺度。将尚未入仕,或无法通过科举的士子禁绝于时事讨论之外,真正打造"两耳不闻窗外事,一心只读圣贤书"的闭塞信古的思想环境,是安定读书人或科举落第者的高明手法。但对于真正进入官场的仕子,则"务要熟读,讲明律意,剖决事务。每遇年终在内从察院,在外从分巡御史、提刑按察史官,按治去处考校。若有不能讲解,不晓律意者,初犯罚俸钱一月,再犯笞四十附过,三犯于本衙门递降叙用"③。通过默写或讲解年度法条考核官员,其效果既能使官员体察圣意,秉公执法,又能通过统一司法来贯彻高层精神,还能以不定期发布《大诰》作为律法的补充,与时俱进。在法律尚未规范的领域,可以根据《大诰》行事执法,这便是需要时时刻刻进行《大诰》讲读学习的意义所在:为官员解释法律和政策提供了一个上限标准。否则,即按文字狱治罪。因此,"自《律诰》出,而《大诰》所载诸峻令未尝轻用"④。因此,《大诰》是一个党的精神发布载体,连续发布《大诰》更是将朱元璋意志加以高度凝练的修改过程。

再次,强制读书人接受《大诰》的精神洗礼,是引导未来的官员在了解时政新闻、弥补知识结构不足之过程中,深入领会来自君王的最高指示,便于由内而外地认同和接受帝国的意识形态和治理之术。于是,《大诰》"皆颁学宫以课士,里置塾师教之"⑤,颇有秦代"以法为教,以吏为师"的风格。不论官办学校或读书人聚集地,还是私立学堂均要学习讨论来自中央的旨意。"治国以教化为先,教化以学校为本。"⑥ 明代,学校成为科举入仕的必由之路,这是唐宋所不及的。重

---

① 张健:《朱元璋与明初科举制度》,载《安徽师大学报》1992 年第 2 期。
② 肖华忠:《明初洪武年间科举间行原因初探》,载《江西师范大学学报(哲学社会科学版)》1993 年第 3 期。
③ 《大明律·吏律·公式》"讲读律令条"。
④⑤⑥ 《明史·刑法志》。

要的是,《大诰》偏重选择整饬吏治的案例,看似打击贪官污吏或富豪大户,但实际上更多的是警示教育在朝官僚或很有可能进入官场的地主土豪及其后代。

然而,"因有《大诰》者,罪减等"的奖励与"知法犯法,加重处罚"的法律观念是不相符的。"知法犯法"在以重刑治国的明王朝理应加重处罚,而且只是有《大诰》而没有领会《大诰》精神,就减等处罚,看似有违实质正义,十分荒唐。但也可理解为手持《大诰》者享受减等特权就类似于以品官折抵刑罚的"官当"。当然,"其后罪人率援《大诰》以减等,亦不复论其有无矣"。援引《大诰》减等,是在《大明律》正式吸收《大诰》作为常法使用后。因为,待党内法规上升为法律之后,不论是否持有党章,都可以据此申辩。

最后,19万人来朝是一个什么样的规模呢?以洪武四年(1371年)天下有府141、州192、县1013为准,19万人平均到每县则有约187人。若以明初乡试员额来看,"直隶贡额百人,河南、山东、山西、陕西、北平、福建、江西、浙江、湖广皆四十人,广西、广东皆二十五人,才多或不及者,不拘额数"①。乡试入围者共510人,按平均录取率10%来算,每省仅为5000余人。19万人分配到12个省中,每省则有1.5万人,远远多于每年赴考的5000人。这只是理论上的估计。以洪武四年会试为准,全国应试举人者共189人,各省乡试员额平均才11人。如果考虑到科考在洪武十七年(1384年)才再次重启的话,当时来朝的19万人就不仅包括了读书人,还有地方官员。因为自明中叶后,各省直科考规模在四五千人至数万人间②,参加科考的总数也不过15万人左右,直到成化至嘉靖年间全国生员总数才增至25万人到35万人之间。再加上洪武十八年(1385年)会试取进士472人,创有明一代科举取士之最,且当时科举及第者大多是青年才俊,这让年轻读书人看到了通向仕途的大好时机。来朝讲读《大诰》,恰逢朝廷要求"今后科举、岁贡人员,俱出(《大诰》)题试之"。种种原因共同赋予

---

① 《明史·刑法志》。
② 郭培贵:《明代科举各级考试的规模及其录取率》,载《史学月刊》2006年第12期。

了《大诰》集科考读物、时政新闻、执政守则以及皇明祖训等诸多法律之外的性质。《大诰》的这些功能都是"天下英雄入吾彀中矣"的一整套举措。因此,19万人汇集在首都讲读《大诰》,读书人积极向最高领袖靠拢,他们手持《大诰》讲读就类似于作为候任或未来为官者在向朱元璋所纳的投名状或"入彀"申请。朱元璋的反应虽然仅是"赐钞遣还",但"赐钞"是朱明王朝一贯的做法,是对遵守党章者的奖赏惯例,说明作为党魁的朱元璋对此举已然认可。

以上是根据《明史·刑法志》对《大诰》的相关记载所做的分析。《大诰》的酷刑种类有族诛、枭首、墨面文身、挑筋去指、挑筋去膝盖、断手、斩趾、刖足、枷令、常号枷令、枷项游历、阉割为奴等几十种。许多酷刑甚至回到了三代,极度复古。同时,《大诰》还设置了不少在明律中都不曾有的罪名,比如"禁游食""市民不许为吏卒""寰中士夫不为君用"等。《大诰》对同一犯罪的处罚也较明律大大加重。不少依明律只应处笞杖刑的,《大诰》却加重为死刑。

另外,从洪武年间设置奸党罪这一创举来看,很可能是为《大诰》做铺垫。奸党罪具体分为四类:①凡奸邪进谗言左使杀人者,斩;②若犯罪律该处死,其大臣小官巧言谏免,暗邀人心者,亦斩;③若在朝官员交结朋党紊乱朝政者,皆斩,妻子为奴财产入官;④若刑部及大小衙门官吏不执法律,听从主司指使出入人罪者,罪亦如之。正如前述所言,仅有第三类才属于真正意义上的奸党罪,第一类和第二类虽然有谗言和巧言的行为表现,但并不足以证明因果关系的存在。并且,对奸党罪的处理完全采用了思想犯或行为犯的模式,并没有具体操作标准。而且每逢朝廷内部出现危机,朱元璋总是以奸党罪杀戮臣下,如胡惟庸案先后处死3万余官吏,成为肃清反动分子的不二选择。这一罪名正反映了明代为维护朱明专制统治,强行推行朱元璋意志的用心。朱元璋通过打击在他掌控之外的官员党派来实现独裁,设立"奸党罪"只是不断确立和巩固其统治的核心地位,并利用厂卫司法等实施恐怖政治,"天下重囚多收系锦衣卫断治",进而来惩治异类。廷杖也是惩治轻微忤逆党章党义之徒的经常手段。往往由皇帝下令,司礼监监刑,锦衣卫施刑,在朝堂之上当众杖责大臣,非死即残,令党人斯文扫地。这是惩处党内不法分子的独特发明和特殊手段,不为常人所用。总而言之,朱元璋以《大诰》及其刑罚和司法配套举措,创建了一个以他为核心的独裁专制统治法规体系,来推行帝王不容置疑的最高意志。

八、清末宪法之名的选用及其影响

(一)"约法"的本意及其传统

"约"字从糸,从勺。"糸"表示"缠束""绑定","勺"意为"专取一物""专注于一点",结合起来即表示"专门对一件物品进行绑定",引申为专门就一件事给出不可改变的承诺。最熟悉莫过于"约法三章"。《史记·高祖本纪》载刘邦"与父老约,法三章耳;杀人者死,伤人及盗抵罪"。不过,由战争引申出来的"约法三章"并非规定罪名,而是列举了三类行为,对其处罚形式仍然停留在"同态复仇"这一古老律法的层次上的非常态应急之法,更符合民众对王权国家的期待。退一步讲,"约法"只是约定的"做法",或许还算不上法,类似预先约定,性质上可以界定为单方面法律行为,仅仅表明约束以法,恰如《韩诗外传》卷十载:"制礼约法於四方,臣弗如也。"以及《后汉书·乌桓传》："其约法：违大人言者，罪至死。"而并非是基于官方和民众共同议定的条款，即订约这类双方法律行为，并非是用来规范民众的，相反则是用来规范官员（军队士兵）自身的，随着战争的发展，后来便会涉及维护社会治安的内容，就自然增加了规范民众行为的条款了。李渊于隋大业十三年（617年）攻占隋都长安后，也仿效汉高祖刘邦"约法三章"，宣布废除隋法，与民约法十二条，规定杀人、劫盗、背军叛逆的处死刑。在夺取胜利之后，"约法"往往成为新建政权者展现宽仁之心的简省法令，例如《汉书·食货志上》载："上於是约法省禁，轻田租，什五而税一。"

在武昌起义爆发后的1911年10月29日，新军第二十镇统制张绍曾联络一批将领联名向清廷提出类似最后通牒的"十二条政纲"，请求朝廷尽快立宪，以政治变革回应南方革命党人的合理要求。对于张绍曾等人的建议，朝廷筹议未决，于是张绍曾等又向朝廷请求进兵南苑，以兵临城下迫使朝廷屈服，此事件被称为"滦州兵谏"。同日，山西宣布独立，内呼外应，给清廷以极大威胁，促使清政府不得不做出巨大让步，在三天之内仓促制定《宪法重大信条十九条》并于11月3日公布。"约"即信也，简明扼要，"重大信条"和"十二条政纲"完全可以看作是军事行动制造的"约法"。

（二）孙中山与国民党使用的"约法"

中国近代史上效仿传统的约法最早当属《鄂州约法》。《鄂州约法》继承了《中国同盟会革命方略》所体现出来的革命激进主义精神气质，以自由、平等、天赋人权等近代自由主义思想和三权分立原则为指导，规定了人民的基本权利和国家的各项制度，完善地勾勒出了一个民主共和国的基本框架。然其缺陷也一目了然，由于宋教仁舍去了体现民生主义的"平均地权"思想，实际上使中山先生的"三民主义"变成"二民主义"，在整个约法中就缺少以土地权利为主的民生权，尤其是对农业经济关系重视不够。这一缺点在此后起草的《中华民国临时约法》并未得到改正。同盟会虽然提出了"平均地权"的民生蓝图，但是未能给出具体方案，导致约法无从参照。加之湖北革命党人对土地政策十分冷淡，对土地改革和农民土地问题也只字不提。

按照设计，真正的约法是要待军政3年初有成效后才出台，《鄂州约法》显然提前颁行，其基本目的是建政，确立新的既得利益关系，而非建国。因此，对该约法缺少相关民生权利，也不能苛责。①《鄂州约法》颁布后，江西、江苏、浙江、广西四省约法都是以此为样板。

1912年3月11日颁布的《中华民国临时约法》赋予了人民享有人身、居住、财产、言论、出版、集会、结社、通信和信教的自由和请愿、诉讼、考试、选举及被选举等权利。同时规定，人民有纳税、服役等义务。按照"三权分立"的原则，立法权属于临时参议院，参议院有权议决一切法律、预算、决算、税法、币制及度量衡准则；有权募集公债；有权选举产生临时大总统、副总统；有权弹劾大总统和国务员；对临时大总统行使的重要权力，具有同意权和最后决定权。临时大总统代表临时政府总揽政务，公布法律，统率全国海陆军，制定官制官规，任免文武官员等，但行使职权时须有国务员副署。受参议院弹劾时，由最高法院组成特别法庭审判。在当时的特殊背景下，《临时约法》的制定与实施看似"合情合理"：革命党人只是用一份宪法性文件对其职权加以规范，接着"高风亮节"地将革命政权交付于一个善于玩弄权术伎俩的政客。然殊不知，宪法永远是建立在民主制国家各种政治力量的博弈之上，没有政治力量的对比便难以在政权中体现和实现其意志。同时，"因人立法"为袁世凯"因人废法"提供了借口，是导致《临时约法》实施受挫的内在根源之一。②"法律工具主义"理念使革命党人将《临时约法》当作限制袁世凯权力的一种工具。因此，革命党人才敢独断地使用权力，罔顾民意而制定《临时约法》。该法在保留大总统职权前提下，以限制大总统权力作为至上要求，罔顾国家权力配置的科学性、合理性，主观臆断国家机构之间权力分配，以致国家机构在实践中难以根据《临时约法》正常运作。③

---

① 沈玮玮：《建政、救亡与启蒙：再论鄂州约法之人权条款》，载《广州大学学报（社会科学版）》2016年第3期。
② 李剑农：《中国近百年政治史》，商务印书馆1948年版，第349页。
③ 谢晖：《法律工具主义评析》，载《中国法学》1994年第1期。

《中华民国临时约法》于1914年5月1日因《中华民国约法》（俗称"袁记约法"）的公布而被取代。袁世凯死后，南北军阀首先争执的是所谓新旧《约法》哪一个有效。北方政府由大总统黎元洪于1916年6月29日恢复《中华民国临时约法》，同时宣布定于同年8月1日召开国会。历时近一个月的新旧"约法之争"，最终以《中华民国临时约法》和国会的恢复而结束。1917年7月1日《临时约法》被复辟帝制的张勋破坏，随后的段祺瑞政府拒绝恢复，同年9月10日以广东为基地建立的中华民国军政府展开护法运动，所护者即为《临时约法》。1922年4月曹锟、吴佩孚以"法统重光"的号召再度恢复。1923年10月10日被人称"曹锟宪法"的《中华民国宪法》的施行而取代。1925年4月24日段祺瑞政府发布命令，称"法统已成陈迹"，《中华民国临时约法》再次被废除。南方政府从未正式废止《中华民国临时约法》，直到1931年6月1日《中华民国训政时期约法》的公布才依"新法优于旧法"原则而失其最高效力，但国民政府于1925年7月1日建立后极少谈及此法律，也意味着军政和训政时期的约法已经成为过去，以宪政时期的宪法为"母法"的"六法"百科全书式的体系开始孕育。到1946年12月25日制宪国民大会议决通过了《中华民国宪法》，宪政的核心宪法才正式面世。

(三) 中国共产党使用的"大纲"

光绪三十四年八月初一（1908 年 8 月 27 日），清廷首次以"大纲"来命名宪法，颁布了中国历史上第一部宪法性文件《钦定宪法大纲》，共 23 条。"纲"具有代表性、规范性、表率性和领导性四意。其中，规范性具有纲维和法度之意。《管子·禁藏》载："法令为维纲，吏为网罟。""大纲"则主要有两层含义，表面是指总纲、要点，特指总领全篇的重点所在，深层次的涵义则是指根本性的法纪，不可更改，类似于传统所指的"三纲五常"。如曹植在《节游赋》所讲："愈志荡以淫游，非经国之大纲。"元人刘埙在《隐居通议·经史二》中也是如此评价诸葛亮的："看来武侯相业，大纲常严，盖其学出於申韩，故其政刻深。"就此传统而言，经世治国都应当遵循大纲之准则，尤其是中央文书行政，更需要"提纲挈领"，"取其大纲而无责其纤悉"。① 法度上也要先定"纲宪"。

孙中山与国民党人也使用过"大纲"一词，例如他在 1924 年 4 月 12 日手书的 25 条《建国大纲》，该大纲以三民主义作为人民应有之"权"，以五权宪法作为政府施政之"能"，实行"权能分治"，并设计了"三步走"的建国程序：军政时期、训政时期与宪政时期。1928 年 10 月国民党中央常务会议据此通过了 6 条《训政纲领》。不过，以孙文为代表的革命党人及其国民党的继任者采用"约法"来为宪法命名，"纲领"只是在"约法"之下的"施政方针"罢了。与此相反的是，中共则十分青睐"大纲"这一根本大法的命名。

《中华苏维埃共和国宪法大纲》是中国共产党第一部宪法，于 1931 年 11 月在江西瑞金由第一次全国苏维埃代表大会通过，1934 年 1 月由第二次全国苏维埃代表大会修改，共计 17 条。抗日战争胜利后，中国共产党曾力图通过和平斗争，改变国民党政府的独裁统治，实现国家的民主改造。为此，1946 年 1 月 16 日，中国共产党代表团于政治协商会议上提出"和平建国纲领草案"，同年 1 月 31 日，国共两党以

---

① ［宋］苏洵：《上韩枢密书》载："太尉取其大纲而无责其纤悉。"

及民主党派在政治协商会议上通过，又名《政治协商会议施政纲领》，中国共产党又曾称其为"共同纲领"，随着第二次国共内战的爆发，该纲领仅施行不到一年时间便名存实亡。"纲领"或"方针"的命名是中共长征之后对边区宪法性文件的常用称谓，不过"方针"的时效性更短。1948年8月12日，由华北临时人民代表大会通过《华北人民政府施政方针》，共有"军事方面""经济方面""政治方面""文化教育方面""关于新解放区与新解放城市的政策"五个部分。该"方针"只是过渡性质，具有试验示范意义，1949年9月29日，便被经中国人民政治协商会议第一届全体会议通过、起临时宪法作用的《中国人民政治协商会议共同纲领》取代。除序言外，该共同纲领分为总纲、政权机关、军事制度、经济政策、文化教育政策、民族政策、外交政策共7章60条。

另一方面，抗日战争胜利以后，中国共产党为了积极把解放区建设成为全国的民主模范区，直接将"纲领"升级为"宪法"，1946年4月23日召开了陕甘宁边区第三届参议会第一次大会，通过《陕甘宁边区宪法原则》，分为政权组织、人民权利、司法、经济、文化五个部分，共25条。5年的时间中国共产党将地方性的"纲领"直接升格为"宪法"，表明中共制定民主宪法的坚决态度。与此类似，1954年9月20日经第一届全国人民代表大会第一次会议全票通过的中华人民共和国第一部宪法，和《中国人民政治协商会议共同纲领》颁布的时间也只相隔5年。

总体而言，近代中国以来的宪法命名，延续了"约法"的传统，但只不过是取了"约法"作为单方面"约定"意义，意在赢得民心和简约苛法。在清末立宪之际，清廷所抛出的两大宪法文本，分别取了"大纲"和"约法"之名，均是传统君权主宰下所使用的基本命名。以孙中山为代表的革命党人选择了"约法"作为前"宪法"时代的根本大法之名，符合推翻帝制建立新政的革命过程之传统做法，"大纲"只是位于"约法"之下的"施政方案"罢了。以毛泽东为代表的共产党人则接受了"大纲"作为基本法的名称，只是在1931年革命之初期和1946年足以和国民党抗衡之际才公开使用了"宪法"（大纲或原则)。不过，为了寻求和平建国之方案，"纲领"加上了"共同"二字，转变成为国共两党双方都能接受的共识，算是回到了"约"的另一层意思——双方行为，即"共同约定"之意，属于真正意义上的"预备立宪"之名。

第二章

古典立法的技艺理性

一、皋陶作刑：早期法律移植和立法解释

关于皋陶充任司法官之事，据《春秋·元命里》载："尧得皋陶，聘为大理，舜时为士师。"《史记·夏本纪》也有记载："皋陶作士以理民。"而有关皋陶作刑的历史在《尚书·尧典》和《尚书·皋陶谟》中均有记载。这说明皋陶乃集立法者与司法者为一身，因此，我们对皋陶的定位就不应仅局限于法官这一角色。如果从立法解释的正当性来考察当时主导法律事务的皋陶的话，或许可以理解得更加彻底。

（一）东夷部落先进法文化传统及规则资源

皋陶代表的是东方的皋陶文化，他是后来奠定中国传统文化核心的儒家文化的创造者。《论语·颜渊》载："舜有天下，选于众，举皋陶，不仁者远矣！"皋陶历尧舜禹三代，可谓三代元老，且同尧、舜、禹并称为上古四圣，位重望高。《尚书·皋陶谟》第一部分记载的是在治水成功之后，大禹同皋陶讨论治国之策，皋陶就此详细阐明了他的治国理念，提出了任官的九种标准，即"九德"："宽而栗、柔而立、愿而恭、乱而敬、扰而毅、直而温、简而廉、刚而塞、强而义。"另外，皋陶设想了一整套德礼共治、君臣协同、奖惩有度的治国方案：

"无旷庶官天工,人其代之。天叙有典,敕我五典(父义、母慈、兄友、弟恭、子孝)五惇哉!天秩有礼,自我五礼(天子、诸侯、卿大夫、士和庶人)有庸哉!同寅协恭和衷哉!天命有德,五服五章哉!天讨有罪,五刑五用哉!政事懋哉懋哉!"大意是讲,皋陶告诫大禹,不要虚设百官,官员只是在代替上天行使已经规划好的治理之策。如上天规定了人与人之间的常法,就要告诫人们用父义、母慈、兄友、弟恭、子孝的办法,把这五者敦厚起来。上天规定了人的尊卑等级,就要使推行天子、诸侯、卿大夫、士和庶人这五种礼制常态化。君臣之间要同敬、同恭,和善相处。上天任命有德之人,就要用天子、诸侯、卿、大夫、士五种礼服来表彰。上天惩罚有罪之人,就要用墨、劓、剕、宫、大辟五种刑罚来惩治,如此则可达"政事懋哉"的效果。这就是皋陶所设计的五典、五礼、五服和五刑并行而用的治国法则。这些方案的设计灵感来自于查考过往,即"曰若稽古"。直接一点来讲,就是皋陶的执政经验,当然包括了在其担任东夷部落首领时所积累下的领导心得,以及引导东夷部落逐渐形成的东夷法文化传统。

果真如此的话,我们就可以认为皋陶作为东夷秩序文化的代表性传承人,其规则治理的经验是优于华夏部落的大禹,甚至是尧舜的,这可能是皋陶历经尧舜禹三代皆掌管法制事务的重要原因。我们还可以通过对"夷"字的解析来佐证这一判断。相传东夷人最早发明弓箭,擅长射箭,在距今4600年至3300年的龙山文化时期东夷骨刻文中已经发现了类似人背弓形的"夷"字。而且东夷骨刻文乃是汉字的源头,比殷商甲骨文早了近一千年,也即东夷文化相对于华夏部落,具有明显的早熟性。① 早期渔猎社会常因猎物归属问题发生纷争,为解决这一有碍部落团结的难题,就将捕猎用的弓和矢事先做好记号,一旦射中猎物的矢和弓上的记号相同,则猎物的归属即定。这一界定猎物归属的方法被称为"明夷"。"夷"字的金文写法也可以看作是矢和弓的组合,且"矢"为该字的主要构型,"弓"藏"矢"中,早期的弓矢作

---

① 丁再献、丁蕾:《东夷文化与山东·骨刻文释读》,中国文史出版社2012年版,第662页。

为所有权之凭证,在部落习惯和祖先崇拜中逐渐被作为定纷止争的法定证据,甚至成为诉讼解决的基本原则,即凡财产类的纠纷解决必须"有的放矢",无"矢"则败。《周礼·秋官·司寇》载:"以两造禁民讼,入束矢于朝,然后听之。"《国语·齐语》也载:"坐成以束矢"。"两人诉,一人入矢,一人不入则曲。"这是皋陶部落的重大法制创造,否则也不会将此作为皋陶部落的名称。

(二)法律移植与皋陶作为立法者的正当性

东夷部落或许因其独特而优越的法律资源保持着强大的国力,《左传·昭公十二年》载"纣克东夷而陨其身",说明东夷当时的战斗力也曾使商代纣王疲于应对,遂被武王灭国。到西周之际,东方诸夷都是周王的劲敌。在周成王讨伐平定东夷之后,特分封鲁与齐于东夷故地,欲通过文化浸润同化东夷。鲁公伯禽治鲁完全遵照周王"变其俗,革其礼"之策,然姜尚治齐则"因其俗,简其礼",最终齐国之策明显使东夷部落较快融入,造就了齐桓公称霸之势,而鲁国则始终是撮尔小国。这充分显示了东夷文化强大的适应能力和变通能力。至周穆王时期,东夷徐偃王行仁义,深得东夷之众的信任,文明水准较高,至今传世的徐偃王宝器所使用的青铜铸造技术和镂刻的铭文都比较成熟,十分接近中原诸侯王国的青铜制造水平和文字表达水准。《宗国都城记》载:"穆王末年,徐君偃好仁义,东夷归之者四十余国。穆王西巡,闻徐君威德日远,遣楚袭其不备,大破之,杀偃王。其子遂北徙彭城,百姓从之者数万。"直到春秋之时,徐仍不失为东方诸夷中的茕茕大国,这是东夷部落的法制文明传统所造就的。

实际上,不仅东夷部落的法制观念和原则优于华夏部落,南方的蚩尤部落更是如此,五刑最早是指劓、刵、椓、黥、杀五种肉刑,首创者即为蚩尤部落。据《尚书·吕刑》载:"蚩尤惟始作乱,延及于平民,罔不寇贼,鸱义奸宄,夺攘矫虔。……爰始淫为劓、刵、椓、黥。越兹丽刑并制,罔差有辞。"很显然,华夏部落的五刑移植了蚩尤部落的,只不过到舜时代,刑罚有所改进,相较而言比较文明。据《尚书·尧典》的记载,舜时代的法制已很完善:"象以典刑,流宥五刑，鞭作官刑，扑作教刑，金作赎刑。眚灾肆赦，怙终贼刑。钦哉，钦哉，惟刑之恤哉！流共工于幽州，放欢兜于崇山，窜三苗于三危，殛鲧于羽山，四罪而天下咸服。"从该记载来看，常刑，即"象以典刑"是基本刑罚，但可通过各种替代刑罚来宽宥赦免，如以流放之法宽宥五刑，以鞭打惩罚官员，以扑打惩罚师儒，还可通过交纳金属铜来赎罪，并且区分故意和过失，对胆大妄为者绝不姑息。同时，舜还在执法过程中极力维护立法权威，处理了4名有罪之人（共工、欢兜、三苗、殛鲧），是一种重罪从轻处理的灵活措施，形成了早期中国法原则性与灵活性相结合的传统。《竹书纪年》有载"帝舜三年，命咎陶作刑"，《吕氏春秋·君守》也有"皋陶作刑"的记载，因此，舜时代的刑典无疑有皋陶的贡献。

总之，在早期部落联盟中，尧舜禹正是看中了皋陶所代表的东夷部落先进法律文化和规则资源，才让其主导立法，将东夷之法移植于华夏部落，这当是最早的法律移植，也是皋陶立法正当性所在。否则，大禹在主导的联合治水行动中不会将立法权拱手让给皋陶，更不会在治水成功之后咨询治国行法之策于皋陶。

二、铸刑事件：春秋法制公开化和法典化

（一）春秋之际成文法公布的条件和意义

郑简公三十年（前536年）3月，郑国执政子产率先"铸刑书于鼎，以为国之常法"，将郑国的法律条文铸在具有王权象征意义的大鼎上，并公布于众，令国民周知。这是中国史上第一次正式公布成文法。中国历来有成文法的传统，不仅如此，还有法典化的传统。法典化乃成文法的最高级形式。约一个世纪之后，在魏国变法的李悝制定了第一部比较系统的成文法典《法经》。这一个世纪成文法向法典化的发展历程，实际上起因于春秋战国之际，列国纷纷变法革新，以提高综合竞争力。正如子产的刑鼎，也是子产对他从公元前543年以来所进行的诸项改革成果的总结，"鼎"本来也有"鼎革""鼎新"之意，象征着变革与革新。

春秋战国之际的改革是整体性的改革，子产的改革千头万绪，其中包括治理郑国城邑与农村，有土地整顿、住宅改造、水利规划、赋税厘定等，甚至涉及官员利益重新分配。虽然改革艰难，但成效显著，就连不轻许他人"仁"的孔子，也认为"人谓子产不仁，吾不信也"。总之，在郑定公八年（前522年）子产去世之前，郑国一直治理得很好。刑鼎正是在子产改革颇有成效之际，为巩固改革成果而作，目的是为保障子产的改革策略，不因领导人的改变而改变。这样来看，刑鼎的内容必然是考虑周全且成体系的，不是今天铸上一鼎，隔三岔五地再铸上一鼎。因为"鼎"乃王之象征，不可言而无信，这才有"一言九鼎"之语。因此，铸刑鼎的前提条件便是刑的内容已经有了体系化的雏形，否则战国之际李悝的《法经》不可能无端出现，在此之前，刑鼎便是法律体系化的初步尝试了。

总体看来，春秋战国之际国家变法事务的通盘考虑，甚至细密化特点为成文法提供了全面设计的政治社会基础。另外，春秋战国之际类似于当代国际的战争法则，包括战争合法性、战争过程以及战争归责等内容的法律系统，再加上以《周礼》为核心的西周法制实践经验，

为刑鼎以及此后《法经》的细致规划提供了参考模板。如此，子产的铸刑鼎才有了基本前提。

以上只是总结了子产铸刑鼎的第一个前提条件，法律公布的直接后果是打破了以往"刑不可知，威不可测"的贵族治理神秘感，因此遭到了以晋国大夫叔向为代表的贵族阶级的强烈反对。叔向认为法律从神秘走向公开，会使"民知争端矣，将弃礼而征于书"。这个理由类似于我们通常认为的出现了会钻法律空子的刁民。不仅是民，连与子产同时的郑国大夫邓析，也公开反对子产因铸刑鼎所公开的国家法，他私自编定了一部携带和传播更加便利的写在竹简上的民间法"竹刑"，并且利用自己颇为精通的"名辩之学"，向普罗大众传授法律知识，甚至还承揽诉讼。可见，即便是当时的大夫贵族，也通过他发明的"以非为是，以是为非，是非无度"的诡辩论公开挑战国家法，虽然邓析最终被杀，但他的竹刑却被当权者所认可，《左传·定公九年》称"郑驷歂杀邓析而用其竹刑"。据此可以看到，支持成文法公开化的第二个前提便是汉字的传播，如果百姓根本不识字，或者只是简单识字，还没有到利用法条同官方进行争辩的阶段，叔向的反对根本没有意义。日本学者平势隆郎指出，西周在灭商之后，继承了商的汉字。之后，周天子逐渐将刻有汉字铭文的青铜器赠予诸侯，诸侯渐渐地熟悉了汉字。但因为并非是周王室正式而统一的汉字传播教育，到春秋时期，各国根据自己对汉字的理解形成了多种汉字读写方法，形成了广袤的汉字圈，一直到秦始皇才统一文字。① 再加上春秋战国之际，诸子百家思想竞相争鸣，私学兴盛，掌握在贵族手中的文字文化开始向下传播，为民众文字知识的获得提供了重要的机遇，包括邓析以"名辩之学"教授传播法律知识在内的文化传播甚为繁荣。这为刑名知识的公开提供了第二大前提。

总之，以铸刑鼎公开成文法，其目的正同当代立法一样，具有巩固改革成果的重大使命。同时，公开成文法，必然需要体系化的法律

---

① ［日］平势隆郎：《从城市国家到中华：殷周春秋战国》，周洁译，广西师范大学出版社2014年版，第219－235页。

第二章 古典立法的技艺理性

准备和民众可读的文化知识储备，二者缺一不可。正是整体性改革成功经验提供的体系化的法律规则，和文字广泛传播之后思想繁荣的全民大学习背景，才使得铸刑鼎成为可能，即成文法的法典化和公开化才成为可能。这也是以子产为代表的春秋之际法家"以法治理"的两大重要前提，当下我们的立法大多也是依靠这两大前提来启动和推行的，调研和普法同步推进，调研类似于构建体系性的规则，普法则类似于广而告之。

（二）法经对文书行政与编户齐民的回应

周平王东迁洛邑（前771年）之后，封建体制宣告崩塌，诸侯各自占据地盘，兼并邻国，扩张领土，历史开始进入东周。在这一个被称为"礼崩乐坏"的时代，军备竞争不断，自鲁隐公到鲁哀公两百多年间，灭亡的国家就有52个。战国七雄，加上鲁、卫、中山等四五个较为弱小的国家，是兼并之后的幸存者。从公元前770年到公元前221年近五个世纪，战争从未间断，史称春秋战国。

周王在王畿，诸侯在地方封国，东周之际的中央与地方早已是互相独立的王国，类似于古希腊时代的城邦国家，又称城市国家。中央与地方建立了贡赋关系以维持和平之治，然贡赋说白了只是一种简单的物物交换，形式化的象征意义更多。国与国之间实质上是一种同盟关系，尤其在军事上，守望相助。西周最后的周幽王正是因为宠爱褒姒，烽火戏弄诸侯，才在最后得不到诸侯的"救驾"，惨遭犬戎杀害。进入战国时代（前475年），大国吞并小国的战争更为频繁，大国将小国纳入到自己领地之后，如何规划治理小国成了当时最为迫切紧要的难题。

之前分封制所确定的天子与诸侯关系，实际上是放开诸侯对地方的治理权，而且诸侯世袭。中央对诸侯治下的领地在人事上从不过问，周幽王正是亡于这种体制。基于这般深刻的历史教训，战国时代的国王再也不可能继续沿用此法，他们通过将吞并后的小国改为郡县，由中央任免流官，以保障中央政令的绝对权威，这就是郡县制。中央通过实施官吏统治，进一步确立了王国的领土，将王的恩威布施于领土各个角落,遂形成了所谓的"领土国家"。西周城市国家的"国"本写作"或(域)"字,意指城市向外延伸一定的范围,以一个城市为中心,包括其周围乡村地区。但如同城邦一样,小的城市国家难以抵挡大国的入侵,这一幕在夏商更迭之际早已上演。商汤原是夏朝方国商国的君主,在伐桀之前,已在贤臣伊尹等人的辅助下,不断蚕食,陆续灭掉邻近的葛国以及韦、顾、昆吾等方国,最终灭夏。被灭的方国变成了郡县,郡县宣示着中央主权,之前的"域"于是就变成了有领土范围和主权主张的"國"。为了进行实质性的主权确认,中央对派驻地方的流官需要加以不间断的持续监督,严防地方形成割据,重回到封建时代。以文书为载体的政令传输体制就应运而生了,简称为"文书行政"。通过公文在官僚体制中自上而下和自下而上的高效传递,治理成本大为缩减,也方便央地之间及时互通有无,迅速形成和巩固了中央集权体制。从已出土的竹木简来看,大致都是战国时代的,据此可以推断,以文书为载体的行政体制也可能确立于战国,这正是战国为何能够形成七雄,并且最终统一于秦的又一重要原因。

第二章　古典立法的技艺理性

随着铁器的普及，人均耕作能力不断提高，耕地激增，城市得以迅速扩张，列国之间的战争多是因领土等资源稀缺而导致的。为了应对国防之需，尽可能保存自己的实力，有效地打击敌人，各国开始变法，且主题均围绕耕战展开。无论耕与战，皆需要人力保障。为最大限度开发国人战斗力，开始推行编户齐民。编户在于充分掌握户口，统计兵员，方便计税。齐民在于不分贫贱，一视同仁，快速动员。当然，编户齐民也是文书行政的重要内容。此时，唯有法家所倡导的"一断于法"才符合文书行政和编户齐民的要求。文书行政要求上行下效，编户齐民要求一视同仁，这都是侧重于效率的法家一贯坚持的主张，唯有如此，才能提高政府运作能力以应对"全民皆兵"的耕战工程。而以李悝为代表的战国变法家，讨论的中心议题便是如何提高政府运作效率的技术。以李悝的《法经》为代表的成文法典，也正是以保障文书行政、强化政府运作为主旨内容的。

《法经》共分为盗、贼、囚、捕、杂、具六篇。盗、贼置于首位，并且所有犯罪都化约为盗与贼，其他的罪名一并称为"杂"。紧接盗、贼之后的是作为如何惩治盗、贼的程序法"囚"和"捕"。因此，前四篇都在打击盗与贼。荀子云："窃货曰盗，害良曰贼。"盗与贼无疑都严重损害了国家兵力，妨碍耕战政策，因此，李悝认为："王者之政莫急于盗贼。"盗指侵犯财产的犯罪，大盗则戍为守卒，重者处死。窥宫者和拾遗者要受膑、刖之刑，即使仅有动机，也仍构成犯罪。贼律是对有关杀人、伤人罪的处治条文，规定杀一人者死，并籍没其家和妻家；杀二人者，还要籍没其母家，足见当时对盗贼惩处的法家重刑主义观。如果盗、贼不是如此妨碍政府运作效率，那么紧接着"盗""贼"篇的应该是"杂"篇，而不是惩治盗贼的程序法。即便是"杂"篇，也依然主要是为保障编户齐民和文书行政的罪名。"杂"篇主要规定淫禁、狡禁、城禁、嬉禁、徒禁、金禁这"六禁"的内容。其中，淫禁，即禁止夫有二妻或妻有外夫；城禁，即禁止人民越城；嬉禁，是涉及赌博的禁令；徒禁，禁止人民群聚。这四禁都是关乎编户与齐民的法令政策，以尽可能扩大兵员和军需供给数量。另外的狡禁是有关盗窃符玺及议论国家法令的罪行；金禁是有关官吏贪污受贿的禁令，这两禁则是关于妨碍文书行政和行政官僚制度的核心。最后的"具"篇是为前五篇服务的总则,依然是为保障文书行政运作的篇目。

综合而言,《法经》完全是以文书行政为中心,其目的是为了保障郡县制下编户齐民的推行。因为编户齐民是文书行政的基础,但二者均是以郡县制为中心的新国家体制的基础,《法经》所规制的社会关系,体现的正是从封建制向郡县制转变的社会局势。受《法经》所示,各国也开始行郡县,制法典,以此解决文书行政以及编户齐民引发的种种社会问题。

三、制法传统:两步合一步与古代判例

武树臣认为,中国传统社会是混合法,即成文法与判例法兼容。① 实际上,中国古代的判例,早期的如秦汉的"决事比",以及西晋的"故事",包括唐太宗时期的《法例》,始终是在律令之后,更多的只是判例的汇编。而且,正是因为只是简单的汇编,判例反而极易成为臣下(官员)任意司法的当然依据。这完全与西方判例法传统所坚持的"遵循先例"原则相违背。究其实质而言,中国古代的判例之所以有着顽强的生命力,皆因法典天然具有滞后和僵化的弱点。然而,判例更是臣权(官僚集团)挑战皇权(皇帝)的重要武器。从判例上来突破法典常规,而且加入了情理法的平衡,使得官员通过适用判例,既保证了官僚决策(判决)不会轻易被皇帝推翻,也因为其决策(判决)兼顾了法律效果和社会效果,又容易说服皇帝接受判例的适用。

当然,开国之初的皇帝为了维护自身权威,不会太容易接受判例对法典的挑战,毕竟法典象征的是皇权的"君无戏言",保证了统治的合法性和稳定性。但此后的继任者除了没有这么强烈的顾虑之外,还欲通过创新制度,提升自己的威望而留名青史。唯有不断突破祖上之制,才能形成自己的治理风格。他们虽然表面上接受了"祖传"的法典,但会通过适用判例、事例以及成案之类的灵活性法律,适应当下

---

① 武树臣:《中国的"混合法"——兼及中国法系在世界的地位》,载《政治与法律》1993 年第 5 期;武树臣:《"混合法"——成文法与判例法相结合》,载《政治与法律》1996 年第 10 期;武树臣:《中国"混合法"引论》,载《河北法学》2010 年第 2 期。

的统治需要,保障统治的灵活性。这样就形成了法典和判例并行不悖的"两条腿"制法传统。这一传统的正式形成实际上发生在成文法之经典《唐律疏议》之后。也即,只有成文法先行完善了,并已经到极致了,才会给判例的发展机会。如此说来,唐代之前可以称之为以律令制为基础的成文法国家,而唐代之后,中国则进入了判例得以长足发展的时代,但最终没有走向判例法,而是不断影响成文法,到了清代形成了"律例合编"体制。即便是如此,判例依然没有完全被悉数收罗在皇权控制之下,而是无时无刻不在司法实践中游走,给予成文法典补充。其中主要原因在于,帝制国家主张的是计划控制思维,所有的事务都必须统合在皇权之下。法律作为政治工具,当然也必须控制在皇权之下,因此需要用一部包罗万象的法典来统合一切,这就是中央集权体制下掌控地方和万民的不二法宝,可以说成文法典是集权国家的必然选择。

正式承认"两条腿"制法的时代应该是宋元,其中元代贡献甚大。元代的初衷是在没有正式成文法典的情况下通过诏令产生一套够用的法律。忽必烈认为律令条格应临时因需要而制定,所以时有反复,但

为法律革新提供了契机。以至高无上的皇权为基础的"条格"和司法部门主张的"断例"共同作为审判的指引,成为元代的主要司法依据。更重要的是,由于很多案件最终并非由皇帝定夺,因此,司法部门的"断例"更具有司法权威性。这正是宋代"敕例并行"对元代的影响。

到了明代,朱元璋为了集权,一度取消削弱皇权控制司法的"例",直接以大明律行之,但也逃不过法典缺乏灵活性的弊端,他只能将法典当成"摆设",直接使用了法外之法的"大诰","诰"实际上还是以案例的形成呈现的法条汇编。此后,弘治年间变通制定了《问刑条例》,该条例显然是结合"条格"和"断例"的形式,对朱元璋"子孙不可删改一字"的律典制作原则进行了合理的变通。到了清代,则进一步将律和例汇编在一起,使得法典具有了稳定性和灵活性的双重性质。此后还确定了"五年一小修,十年一大修"的修例原则,完全将历代"两条腿"的法典和判例分开的模式合二为一,是为"两步合一步",将制法的权力完全统一在皇权掌控的范围内。即便如此,在司法实践中,依托以皇权的制法,收效始终一般,难以满足司法需要。直至清代,成案(判例)在司法实践中依然发挥着不可忽视的作用。

就此而言,当前在司法中推行指导性案例,依然延续了古代传统的"两条腿"制法思维,但定要遵守"两步合一步"的制法传统。尤其是对大一统的广袤疆域而言,虽然必须要容忍司法的多样性,但只有在统一性下兼顾多样性,才能实现国家司法权的大致一统。否则,强行推行中央司法权威,枉顾司法实践的多元,必定也是以丧失统一的司法权为代价的。

只不过,最高人民法院并没有直接用判例,而用的是指导性案例称之。实际上,这一称谓更是受到了传统政法思维的影响。虽然说的是案例"指导",但实际上在司法实践中,这些案例早就不是"指

---

① [美]柏清韵:《辽金元法律及其对中国法律传统的影响》,蔡京玉译,载柳立言主编:《中国史新论·法律史分册》,台北联经出版社2008年版,第190-191页。

导",而是"指定"。上下级法院之间显然不是指导关系,"指导"本身更不是一个法律术语,而是政治术语。这就意味着,将指导和制度放在一起,政法已经合二为一。更准确的说法和做法可能是,案例指导应该做成类似于医学上的诊疗指南。只有指南,才算是真正的指导。总之,沿袭传统的案例指导制度,其本质应该类似于清代成案,只是将判例作为审判指南,抽离其案件要旨,借以澄清成文法典之模糊不足之处,并非是在形成隶属于司法系统自身的判例法,僭越立法权。

四、律典繁简:重新评估秦法是否繁苛

汉代人贾谊的《过秦论》基本为后人对秦亡于苛法的评价定下了基调。汉代人的偏见令世人对秦代法律素有繁苛的责难。秦法一则是法条多且密,二则是处罚严且重。这些都是自秦国以来,按照法家"皆有法式""一断于法"的方针来立法的结果,并且法家还主张"以刑去刑"的重刑主义,无怪乎秦法被贴上了繁苛的标签,至今不变。法家强调依靠官僚政治,以文书行政来调动所有社会资源,试图把所有的社会关系都纳入到法律的调控框架内,以确保最大程度地提高国家运转的"效率"。此种基于效率中心的功利主义思想,将法家之法的功能进一步扩大,不止发挥刑律应有的惩治犯罪的功用,还将规范每个人的一切行为,诸法合体的法典编纂形式在秦律中完全表现出国家调控全部社会资源的行为主义模式。因此,繁苛的秦法倒是可以被看作是,为了使所有人按照已设定好的"标准化"模式来行动的指南而已。

为了达到这一目的,除了"焚书坑儒"摒弃一切反动思想之外,秦代还确立了以"以法为教,以吏为师"为核心的,持续宣传秦法国家战略。法律成为国民教育的标准,通过规范官员的行为来进一步训导百姓。而为了保证作为楷模的官员一言一行的标准化和规范化,秦代还特别制定了《为吏之道》。官员成了标准化的模范,百姓只是照学照做罢了,不问缘由,这便是法家的"无情无义"。若治下百姓未能遵照执行,官员是要承担连带责任的。因此,官员为了不受责罚,往往随身携带着重要法条的摘抄,以便随时参照。同时还将这些摘抄视为

珍宝，更是作为重要的陪葬品。这也是秦汉墓陪葬品的特色，此后考古所发掘的重要墓葬，均未将法典作为重要的陪葬品。试想一下，是什么原因会让一个官员将法典文本视为难以割舍的个人物品而随葬？我们或许能在1975年湖北云梦发掘的睡虎地秦墓中找到答案。墓主是秦代一名叫作"喜"的基层官吏。喜历任安陆御史、安陆县令史、鄢令史、治狱鄢等与刑名有关的低级官吏，该墓共出土秦简1155枚，残片80枚，多数为秦国法条的摘抄，涉及法条600条。从这些秦代法律竹简出土的位置可以看到法典对于基层官吏的重要性。法律竹简均位于墓主的头部和腹部等处，这说明法典对于基层官吏而言，足以同身家性命相较。进而推之，对基层社会管理而言，繁苛的秦法也只有这区区600条的精华而已。否则，喜是不会把这600条法律带入墓中随葬的。

如果按照每个竹简上书写20～25个字的标准来计算的话，喜所携带的法典文字有2.5万至3万字，涵盖的法条仅有600余条，但相关的法律解释和指导案例占据了大部分字数。在现行有效的250多部法律中，也仅有不到30部的法律作为经常性适用，每部法律中也只有不到100条在发挥作用。相较之下，秦代的法律并未繁苛到令人窒息的程度。同时，对于基层官吏而言，掌握相关案例和司法解释，比死记法条要有效得多，不仅可以作为教导百姓的有效知识，而且还可以避免因适用法律错误而遭枉法之责。

湖北云梦睡虎地秦简共整理出来了18种秦律，包括《田律》《厩苑律》《仓律》《金布律》《关市律》《工律》《工人程》《均工》《徭律》《司空》《置吏律》《效》《军爵律》《传食律》《行书》《内史杂》《尉杂》《属邦》，每一个单行律都是全面覆盖该领域的"管理标准"。比如规范官吏任免的"下吏能书者，毋敢从史之事"，明确了史官的任用标准；规范手工业生产的"新工初工事，一岁半红（功），其后岁赋红（功）与故等。工师善教之，故工一岁而成，新工二岁而成。能先期成学者谒上，上且有以赏之。盈期不成学者，籍书而上内史。隶臣有巧可以为工者，勿以为人仆、养"，规范了技师的学习年限和身份标准；规范农业生产的"牛大牝十，其六毋（无）子，赀啬夫、佐各一盾。羊牝十，其四毋（无）子，赀啬夫、佐各一盾"，划定了基层官员在畜牧业管理上的责任标准；规范社会治安的"有贼杀伤人冲术，偕旁人不援，百步中比野，当赀二甲"，完全是互相救助义务的履行标准。如此等等，都是极其明确具体的操作标准，比如"能书""一岁""两岁""十分之六""十分之四""百步"等，还有具体的主体身份标准，比如"下吏""新工""故工""隶臣""旁人"等，总的说来，都是按照管理规范的标准制定的。

《史记·陈涉世家》记载了陈胜吴广起义的原因："会天大雨，道不通，度已失期。失期，法皆斩。"但据《徭律》载："御中发征，乏弗行，赀二甲。失期三日到五日，谇；六日到旬，赀一盾；过旬，赀一甲。……水雨，除兴。"大意是替朝廷征发徭役，如耽搁不征发，应罚二甲；迟到三天到五天，斥责；六天到十天，罚一盾；超过十天，罚一甲。……因降雨不能行则可免除本次征发。两者对比，不仅意味着秦法繁苛有以讹传讹之嫌，而且也正说明了秦法事无巨细规定的原则，即为了确定明确的标准，保证所有人能够"一切行动听指挥"。不过，秦法也的确苛刻，不仅刑种繁多，而且残酷。刑罚由重到轻大致有死、迁、肉、作、笞、赀等。死刑的执行方式有腰斩、车裂、凿颠等，其中与砍头有关的还包括戮刑、磔刑、枭首、弃世、夷三族，以

及最残忍的"具五刑"——集黥、劓、刖、笞、枭首于一身。而夏商的"大辟"（死刑总称），除斩外，还有炮烙、醢、脯、刳、剔等原始的烹饪烧煮之方法。但相较而言，秦法已由砍头文化取代更为野蛮的烹饪文化，实有一定的文明程度。

总之，秦法的繁杂很容易给后人以苛刻之感。但繁杂预示着完备，秦法不厌其烦地对社会行为作全方位的规定，更是秦代标准化的努力。标准化就是规范化，广义上看一切法律都是标准。制定包罗万象、囊括宇内的法律标准，正是有"四海归一"的大一统国家气质的始皇帝的雄心壮志。而只有秉持大国气度，才能令制定的法律包罗万象。综上，如果将繁苛的秦法都视为一种重新整合社会、凝聚社会力量的统一化标准，并且将所有的秦法置放在秦始皇致力于统一六国不同的法律规范，以建立全方位专制集权愚民体制的法家意识形态下，就能够理解繁苛的秦法了。更何况，真正经常适用的秦法并不是很多，且不是我们想象的那般严苛。

五、律典长短：秦汉律典权威的可视化

作为秦汉时代书写材料的"简牍"，其长度并非随意而定，尤其是作为法律书写的简牍，往往有固定的长度。日本学者研究认为，一般的简牍长为1尺，皇帝诏书因特别，长1尺1寸。多出的1寸是为了让诏书中使用的固定语"制曰可"中的"制"字高出，突显圣旨的权威性。儒家经书的长度比皇帝诏书还要长一倍，为2尺4寸，足见儒经的地位。汉代律令简牍长度也与儒家经书一致。从1尺到2尺4寸，简牍的长度与书写内容的重要性和权威性是成正比的。这就是简牍要通过长度传达的视觉效果，日本学者冨谷至称这种简牍为"视觉简牍"。①

湖北云梦秦律简的长度约为28厘米，而张家山出土的汉律简长度在22~34厘米之间，这说明至西汉文帝初期简牍平均长度在30厘米左右。汉代1尺为23厘米之多，恰好相当于现在使用的A4纸的长度，

---

① 参见［日］冨谷至：《文书行政的汉帝国》，刘恒武、孔李波译，江苏人民出版社2013年版，第25—37页。

书写最为便利。这说明，至少在汉文帝初期，律简的长度与一般竹简的长度并无区别，皆为1尺。《史记·酷吏列传》记载武帝时廷尉杜周的名言："三尺（之法）安出哉？前主所是著为律，后主所是疏为令。""三尺"即汉律的长度，杜周此言也就意味"三尺之法"在汉武帝天汉年间就已确立。《盐铁论》称："二尺四寸之律，古今一也。"说明律也有2尺4寸的长度。事实上，3尺与2尺4寸并不矛盾。汉代的1尺等于西周的8寸，汉代的3尺恰好相当于西周的2尺4寸。王国维认为"三尺"是对汉律的雅称。

律令竹简与众不同的长度源自于皇帝诏令的特殊长度。公元前180年8月，吕太后病死，汉文帝即位。为树立汉王室权威，打击吕后培植的外戚势力，皇帝诏令和各种颁布的文书均写在长于普通文书的竹简上。1尺1寸的诏书规格就在文帝初年被确立。诏令与作为法律形式的令并没有本质之别，然令并不是由皇帝诏书直接编订而来的，而是在朝臣奏书的最后一支竹简写上表示皇帝批准的"制曰可"三字直接生成的。写上"制曰可"意味着需要与诏书同样1尺1寸的长度，这就首先在外观上赋予了令必须遵循的强制力。令只有上升为律，才能成为普遍恒久的法规。但律在本意上并没有"皇帝命令"的意思，由令上升为律，就意味着丧失了令背后依赖于皇帝权威推行的强制力。

为了让律有新的权威来源，进而得到普遍的遵循，于是把权威进行了可视化处理，以简牍长度来展现。

律是一种恒常的标准，《尔雅·释诂》云："律，常也。"作为儒家圣人手书的典籍"经"，也包含"常"之意。如果将律置于与经同样的地位，律也就可以超越令，并且有了超越皇权的地位。东汉人王充的《论衡》认为："至礼与律犹经也。"是以，汉律与经同长。2尺4寸正是经书的长度，故律长三尺。儒经被固定为2尺4寸长，大约发生在汉武帝到元帝之间。儒经甚至比诏令还长，一定程度上意味着诏令随时而"变"，经书则意味着"常"，"常"的长度理所当然要比"变"长，但这只是其一。更重要的是，儒经长度的成倍加长，意味着在这一时期其所处的特殊地位，更是因统治者特别器重和厚爱所致。

汉初奉行"无为而治"的黄老思想，对思想意识控制极松，包括儒家在内的诸子思想得到恢复和发展。文帝和章帝皆"好刑名之言"。武帝即位之前，"窦太后又好黄老之术"，武帝即位后对内大兴文治，各种贤良文学皆入其麾下，《汉书》载："汉之得人，于兹为盛。儒雅则公孙弘、董仲舒、儿宽……运筹则桑弘羊，奉使则张骞、苏武，将率则卫青、霍去病……其余不可胜纪。"董仲舒也在其一。当时丞相田蚡"绌黄老刑名百家之言，延文学儒者数百人"，"绌"乃"贬退"之意，是因汉廷儒家官僚逐渐增多之故。一般认为是董仲舒谏言武帝"独尊儒术"，但并没有确凿证据，《史记·儒林列传》对董仲舒的记载十分简略，未见"罢黜百家，独尊儒术"之主张。相反，最早主张"绌黄老刑名百家之言"的是田蚡。而《汉书》盛赞武帝"罢黜百家，表章六经"，更未直接强调"独尊儒术"。这说明武帝并没有把儒经抬高到独尊的地位。虽然这样说，但不意味着儒经地位不高。武帝建元五年（前136年）正式设五经博士，使通晓儒经成为为官食禄的必要条件，博士也就成了专门传授儒经的学官，经学独占了官学。虽不经官方宣告独尊，但其决定了整个知识阶层的命运，地位不言自明。董仲舒引儒经《春秋》进行决狱时，《春秋》已经被写在2尺4寸的竹简上了。之后的儒生不再满足于引经决狱，开始了引经注律，将儒家思想全面渗透到了汉法中，三尺之法逐渐形成定制。到初元元年（前48

年）汉元帝即位后又更加重用儒生，儒术独尊实至名归，三尺之制便确定无疑了。

六、律典跳板：玄学之于魏晋律的作用

西汉董仲舒开创的引经决狱，逐渐发展至引经入律，进而引经注律，致私家注律风靡。儒生以解经的章句之法——即离章辨句，分析古书章节句读的方法，来解释律条也随之兴盛，律学得以形成。因经学分为今文经学与古文经学两派，二者对律文的解释并不相同，加上东汉以来经学又限于章句训诂，微言大义则完全被忽略，①导致注律章句竟"十有余家，家数十万言"，使得"凡断罪所当由用者，合二万六千二百七十二条，七百七十三万二千二百余言"。② 断罪并未明确的法规依据，这为适用法律制造了难题。同时，由经学发展来的谶纬迷信思想使儒家正统遭到怀疑，察举制的腐败也导致所选官员严重地名不符实，"名实不符"的问题成为当时社会讨论的焦点。大多数人的主张不外是儒家的正名和法家的循名核实，由此联想到道家的无名。于是，东汉中后期，研究《老子》之人可考者多达五六十家，逐渐兴起了一种言及玄远的谈论"三玄"（《周易》《老子》《庄子》）、辨析名理、品评人物的风习，"会通孔老"成为一时风尚，援道入儒成为解救儒家正统性的方法。③ 曹魏初开始强调"术兼名法，校练名理"的名理之学，④ 以道家简明的概念改造儒家，由清谈和以清议为选官标准发展而来，突出实用理性地品评人物、辨名析理之基本特征。所谓清议，即以儒家的伦理道德为依据考核名实，审察名理，为政治人事寻求一种形而上的根据。为官者一旦触犯清议，便被禁锢乡里，不许再入仕。此后，品评人物从道德风范转向人物外貌，进而发展到人物的精神气质，强调任性，纵情自然，形成魏晋玄学的核心主张。因此之故，玄

---

① ［美］杨联陞：《中国制度史》，彭刚、程刚译，凤凰出版传媒集团、江苏人民出版社2007年版，第101页。
② 《晋书·刑法志》。
③ 杨树达：《增补老子古义三卷附汉代老学者考》，中华书局1935版，第27页。
④ 《文心雕龙·论说》。

学主张得意忘言，不求逐字逐句的意义，重视对精神实质的领会。

道家之于儒家的意义在于：一是重现无为而治的政治意义，以削弱皇权，放任门阀士族的特权；二是靠郁郁不得志的士人借自然（道家）来反抗统治者的虚伪名教（儒家）。进而，由援道入儒发展来的玄学家便大致分为两类：一类是将名教与自然更好地沟通起来以建立一套全新的政治解释体系。西晋元康年间的向秀就主张"儒道为一"，为和平解决儒道纷争提供了新思路。另一类则是将名教和自然对立起来，利用自然摧毁现有的政治解释体系。曹魏正始年间的王弼即是代表，他使儒学摆脱了两汉神秘繁琐的经训形式，开出儒学重义理而轻训诂之学风，借此得出"自然为本，名教为末"的结论，以道家原则统御儒家名教。而竹林时期的阮籍、嵇康因不愿与司马氏政权合作，从"名教本于自然"出发，强调"贵无"和"言不尽意"而归于道家，旨在戳穿当时禅让政权以儒家名教为幌子的阴谋。"贵无"欲取代儒家理想人格，"言不尽意"则意在否定儒家经典。正如鲁迅所言，竹林儒生崇奉礼教是用以自利，那崇奉也不过是偶然崇奉。[①] 因此，魏晋玄学决非如后世所想象的那么超然和空洞，而是反映现实社会经济和政治

---

① 鲁迅：《魏晋风度及文章与药及酒之关系》，载鲁迅：《而已集》，人民文学出版社1980年版。

的一套政治理论。① 当时，傅玄、杨泉、裴頠等人对此种乱礼狂放之风进行了强烈反驳。

在余英时看来，这些士大夫的精神还是有其积极的、主动的、创造的新成分，即"个体自觉"或"自我发现"。② 这一自觉发现的新成分，关乎儒学的意义与前途。长期的政局动荡，上至官吏下至百姓，皆为命运和前途而担忧。尤其是在东晋南渡之后，儒生开始普遍关心儒学传统文化延续的问题。自公元418年刘裕北伐后，南方的汉人几乎没有机会恢复北方失土。当政权逐渐被日益软弱颓废的上品世族把持后，作为数量庞大的下品寒门对北伐是心有余而力不足，怎样打破因国力悬殊而人为制造的文化认同边界呢？只有打破名教区隔，南下的中原儒生才能接纳下异族统治北方的事实。正所谓华夏一家亲，在他们看来，已被逐渐汉化的北方异族，加上维持北朝统治靠的还是传统儒生以及律法，这些足以消解南北国别之分。这正是魏晋人士在北伐无望的前提下，打破"谁是正统"的名教之别，接受既成事实，"自然"而然的结果罢了。与此同时，佛教乘机而入，其所倡导的简单色相之理，也令魏晋儒生对崇尚简约而自然的生活方式发生兴趣，毕竟持续近三个世纪的玄学实际上是儒释道共同作用的结果。言及此，正是儒学名教的危机，援道佛入儒才能化解传统经学支配儒学名教的困境。经由"名教与自然"关系的讨论，源自于经学的律学才能发现繁琐的弊端，回归简约之理。而且"名教与自然"的命题本身蕴含了对作为名教的法律之有限功能的关怀，正是看到了名教的有限，才能看到法律的边界，这是经由玄学塑造的律学之本体论。

魏晋之际的清谈多是一些与现实无关的清高之谈，有时只求压倒对方，最后所得结论可能并非根本原理，故而成为问答游戏，类似于兄弟利弊、肥与瘦、茶酒论之类，看似空对空，实则已是抽离的概念化思辨。而正是此种以辩明析理、注重概念、讲求逻辑、建构自身理

---

① 唐长孺：《魏晋玄学之形成及其发展》，载唐长孺：《魏晋南北朝史论丛》，商务印书馆2010年版。

② 余英时：《名教思想与魏晋士风的演变》，载余英时：《士与中国文化》，上海人民出版社2003年版。

论体系为归旨的玄学,① 所开辟的"执一统众,以简御繁"的方法,使得繁杂的汉法到了魏晋就能变得简洁有力。西晋张斐利用20个重要的法律概念开始对《泰始律》"瘦身":"知而犯之谓之故,意以为然谓之失,违忠欺上谓之谩,背信藏巧谓之诈,亏礼废节谓之不敬,两讼相趣谓之斗,两和相害谓之戏,无变斩击谓之贼,不意误犯谓之过失,逆节绝理谓之不道,陵上僭贵谓之恶逆,将害未发谓之戕,唱首先言谓之造意,二人对议谓之谋,制众建计谓之率,不和谓之强,攻恶谓之略,三人谓之群,取非其物谓之盗,货财之利谓之赃:凡二十者,律义之较名也。"除此之外,张斐还应用有限归纳法强调了律典总则的意义。杜预则在规则的类型化方面使用归纳而非演绎的方法,为精简律典贡献良多。他主张以"律以正罪名,令以存事制"② 来区分律令之关系,使晋律更加科学。总之,张、杜二人利用玄学辨名析理之法,分别在概念化和类型化的方法上树立了律法的典范。这又是玄学为律学贡献的重要方法论。总之,玄学在本体论和方法论上为律典的精简完善和律学的发展变革提供了法哲学意义上的启发和指引。

七、关中与江南:隋代杨氏父子的律典之别

隋文帝杨坚的《开皇律》为12篇,隋炀帝杨广的《大业律》为18篇,均为500条,史称"刑网简要,疏而不失"。如何看待杨氏父子二人律典的篇目差别呢?

(一)杨坚的关中本位

虽然距北魏孝文帝的汉化改革已有多时,但到了北齐和北周,上层贵族仍然热衷于鲜卑化与西胡化。杨坚的先辈杨元寿曾因辅助鲜卑有功而被赐胡姓普六茹。但杨坚即位后,立志"易周氏官仪,依汉魏之旧"。"周氏官仪"是西魏创始人宇文泰利用关中士族的地方保守性,假借关中本为西周旧土,拟周官之古制,模仿周官六军之制,其本质

---

① 刘笃才:《论张斐的法律思想——兼及魏晋律学与玄学的关系》,载何勤华主编:《律学考》,商务印书馆2004年版。
② 《太平御览》卷六三八。

是为了恢复鲜卑部落旧制。宇文泰割据关陇，以物资论，其人力、财富远不及高欢所辖之境域。以文化言，继承汉魏传统的东魏，亦荒残僻陋的关陇所不可比拟。至于江左，则自晋室南迁以后，本为神州文化正统之所在，更何况正值梁武帝统御时期，有"江左五十年无事"之说。因此，宇文泰要想抗衡高齐与萧梁，除了推行整顿军务、发展农业的物质政策外，还须有一个精神上自成系统的文化政策来维系关陇辖境内的胡汉诸族之人心，使其可融合为一牢固的团体，即"关陇文化本位政策"。该政策的核心则是"阳传周礼经典制度之文，阴适关陇胡汉现状之实"。① 这一本位主义成为西魏、北周、隋、唐四代政权的基本国策。

杨坚定"开皇"为年号，也正意味着"重新开创（汉族）皇权"，拨乱反正。"依汉魏之旧"，即回到北魏孝文帝的汉化道路上来，他不仅带头恢复汉姓，还停止了自公元500年以来历时80年的军界鲜卑化和公元535年以来历时46年的政界鲜卑化。当然，由于隋朝皇室均出自西魏宇文泰创建的关陇军事贵族集团，杨坚也不可能彻底摆脱关陇贵族的掣肘。杨坚的"开皇之治"正是由西魏（北周）以来的关陇贵族集团所主导，北齐贵族并未发挥任何作用。但确因《北周律》过于复古，加之其"大略滋章，条流苛密，比于齐法，繁而不要"。② 因此，隋虽承周立国，但却以《北齐律》为蓝本。同时，北齐高氏延续的是魏孝文以来之洛阳及洛阳的继承者邺都之典章制度，十分符合杨坚"依汉魏之旧"的初衷。

（二）杨广的江南偏好

隋炀帝杨广与南朝始终保持着非同一般的关系，对南朝礼乐制度和经济状况熟稔于心。杨广13岁被封为晋王，坐镇西晋以来的江南之地；20岁时任统帅南征陈朝，为大隋统一大业立下汗马功劳；22岁时就任扬州总管，镇守江南稳定局势。当时扬州是"江淮之间，广陵大

---

① 陈寅恪：《唐代政治史述论稿》，三联书店2001年版，第197－199页。
② 《隋书·刑法志》。

镇，富甲天下"，与成都并驾齐驱，有"扬一益二"之美名。在扬州总管的任上经营了十年之后，杨广取代杨勇成为太子。605年，杨广继承帝位，年号"大业"，迁都洛阳，并置江都郡，以提高江都地位。这足以表明杨广已经将经营帝国的重心转向江南，东都和江都遂成为他执政的两大政治经济中心。与其父兄杨坚和杨勇的"关中本位"路线完全相反，杨广是要脱离关中，在包括江南在内的更广阔的领土上重构权力。年号为"大业"也预示着杨广欲在更宽广的政治环境中开创帝业。于是，改善交通，加强往来成为杨广的第一"大业"。大运河的主干工程相继在大业年间推进。分别于605年、608年开凿的通济渠和永济渠连通关陇和山东华北诸地，打通了原东西魏之间的人口贸易流通。610年开通江南运河，继续联通物产和赋税重地，于是东达洛阳，南抵余杭，北达涿郡，全长2500千米的运河完工，"天下利于输"，中国历史上最大的"三角经济区"自此形成。并且，杨广在运河修通的605年和610年分别两次巡游江南，还在616年三下江南，足见其对江南的用心。

虽然此后历代均重视运河之修建，然隋代所完成的工作量，实际相当于其他王朝的数倍。唐人皮日休在《汴河怀古二首·其一》对隋炀帝极尽赞叹："尽道隋亡为此河，至今千里赖通波。若无水殿龙舟

事,共禹论功不较多。"运河的修建使贸易成本极大降低。据估算,当时车载500公斤货物,行50公里,运费为900文。若是用驴马驮的方式行50公里,运费为100文。但若行水路,费用骤降:顺水不超过6文,逆水不超过16文。于是,自唐代高宗后,每年通过运河运至关中的粮食增至约12万吨,最高达25万吨。北宋初年运量更是可高达50万吨。中唐以后,东南地区已成为王朝的财赋中心。"当今赋出于天下,江南居十九。"北宋仁宗时更是"朝廷用度,如军食、币帛、茶、盐、泉货、金铜铅银,以至羽毛、胶漆,尽出此九道(淮南、江南东西、荆湖南北、两浙、福建、广南东西)。朝廷所以能安然理天下而不匮者,得此九道供亿使之然尔。"①君王只需坐镇关中,便可统御天下。杨广的运河让帝国的军事政治中心与经济中心真正联结成了一个坚固的整体。

(三) 六篇与九篇体制

中古时代的中国经历了700多年的民族重整过程,原只有"汉人"的中国人口,在接纳无数南北方的外族成分后,逐渐形成了一个庞大而多元的群体。随着物资的流动,人口也在运河上下稳定增长。在运河修通之前的大业二年(606年),全国人口为900万户,共4600万人。百年之后的唐天宝元年(742年),达到960余万户,实际人口可达到8000万人。在运河开建之后制定的《大业律》特将户婚篇分为户、婚二篇,将二者并重,新增了户口管理和婚配秩序的规定,否则没有必要将二者单独成篇。基于运河修建而带来的经贸增长和人口增殖的现实,之前的篇目在《大业律》中一分为二的还有:厩库篇分为仓库、厩牧二篇;盗贼篇分为盗、贼二篇。仓库代表的是江南农耕文明,而厩牧代表的是关陇游牧文明。将仓库置于厩牧之前越发彰显杨广的江南本位。而盗贼分置,表明随着经济流通、贸易往来的加速,杀人越货的事件也随之增多,需要分立篇章。此外,还增加了关市、请求、告劾三篇。关市出现在西晋《泰始律》,主要是为防范边境贸易

---

① 《历代名臣奏议》卷二一九。

中违禁品交易而设。《北周律》有市廛和关津篇，也是基于国内市场或边境贸易管制而言。增加以上三篇，一是顺应"汉魏之旧"的基本国策，遂以汉律的典范之作《泰始律》为参照增加关市；二是因为区域贸易增加，经济规模增大需要重新重视关市的规范所致；三是因贸易发展而带来的贪腐现象更值得重视，请赇和告劾也有单独成篇的必要。将卫禁、职制、斗讼篇改名为卫宫、违制、斗，也是为了与《北魏律》相同，贯彻执行了"汉魏之旧"。

虽然《大业律》的直接模板是《北魏律》，相比于其父以《北齐律》为直接模板走得更远，但律的"汉魏之旧"的源头要追溯到萧何的"九章律"，其奠定的9篇体制成为中国传统法典的模板。就此看来，《大业律》的18篇是9的倍数，实质是9篇体制，并没有完全照搬《泰始律》《北魏律》的20篇。考虑到杨广颇重江南的政策，重视《泰始律》的价值并直接追溯到"九章律"的传统，18篇就并非是巧合了。

古代律典除了有9篇体制之外，还有魏国李悝《法经》所开创的6篇体制。《开皇律》和此后的唐律都是以12篇著称于世，是6的倍数，因袭的是6篇体制。6篇体制出于魏国，魏是周王的诸侯国，领地包括山西南部、河南北部和陕西、河北的部分地区，也是多民族聚集区，颇有关陇遗风。以《法经》为参照，制定12篇《开皇律》，与杨坚的关中本位政策是相符的。《法经》乃汉律蓝本，也符合"汉魏之旧"的要求。《开皇律》虽然参照《北齐律》修订，但将《北齐律》中的"捕断律"分"捕亡"和"断狱"二篇，作为程序法置于律尾，直接源自于《法经》。虽然《大业律》18篇也可以被认为是6篇体制的倍数，但如果从杨氏父子二人不同的执政方略上来考虑的话，就不会如此认为了。

总之，杨氏父子基于不同的国家战略，对"汉魏之旧"的理解和贯彻完全不同。以江南为发展中心的杨广以汉室9篇体例为基准删改《大业律》，重视关中本位的杨坚则以法经6篇体例制定《开皇律》。杨坚的重北和杨广的重南，分别代表了隋唐制度北朝主流论和南朝化的两种趋势,① 共同孕育了中华民族多元化的制度成就。

八、化外人条款：唐以来规范的逻辑及影响

现行《中华人民共和国刑法》第 6 条规定了我国刑法的属地管辖权，即凡在我国领域内犯罪的，除法律有特别规定的以外，都适用本法，充分体现了法律主权原则。但加上了例外，即第 11 条规定的享有外交特权和豁免权的外国人，可通过外交途径来苛予刑事责任。不过，在中古时期，唐律所确定的原则则是以属人主义为主，明清之后转变为与如今颇为类似的属地管辖为主，但均会考虑到通过外交解决的例外，在近一千多年的涉外法律适用原则的历史中，这一转变的背后有着深刻的政治、经济和社会原因，其中大国中心的意识并未随着国际地位由强到弱的变化而转变，致使中国法律在近代以来并未真正与国际主权意识下的国际司法原则接轨。

（一）化外人所出及规范目的

政令教化所不达之地谓之"化外"，居文明中心的华夏民族致力于感化教育"非我族类"，使之变为"化内"。如唐朝允许外蕃人投化，外蕃人可附籍唐内地的正州、正县成为正式百姓，华夷之别变为内外之别，这是汉化的传统使然。子曰："近者说，远者来。"② 这成为对待化外的当然态度，战国已打破了诸侯国界，形成了包括少数民族在内的大一统观念。自汉代起，对降服的匈奴人采取"因其故俗为属国"的原则开始确定下来，并推广到南方少数民族，例如在氐羌设立金城属国、广汉属国等。北朝也将该原则适用于治下的汉区，延续"胡汉分治"。此种"分而治之"的司法原则被称为属人主义。在人员流动与物资往来并不频繁之际，属人和属地的范围基本相同，无区分之必要。在国家治理能力普遍不高的前提下，严加看管倒不如任其自治来得实在，况且还能保持多元化的法律生态。待至唐时，国际交往日益密切，

---

① 陈寅恪：《隋唐制度渊源略论稿》，三联书店 2001 年版，第 156 页。
② 《论语·子路篇》。

被视为国际法渊源的罗马万民法，① 代表了全体人类所遵循的自然理性，② 各民族莫不共同遵守之。③ 今所见最早规范国际交往法律适用原则的条款，即唐律《名例》第 48 条 "诸化外人，同类自相犯者，各依本俗法；异类相犯者，以法律论"，更被认为是受了万民法的影响，④ 早于发端于五世纪日耳曼法的属人主义和九世纪以后才确立的属地主义。⑤ 第 48 条被简称为 "化外人" 条，此条 "为唐律所特有，还是因袭前代成文，今不可考"。⑥ 该条并不区分案件性质，民刑皆可，仅以种族为界，只依据属人主义，与法律的属地效力无关。⑦ "化外人" 一词只在律令中出现，也有 "化内人" 之称，⑧ 因为唐代立法习惯将 "华" 与 "夷" 相对，"中国" 与 "蕃夷" 相对。⑨

"化外人" 条放在特殊相犯行为 "官户部曲官私奴婢有犯" 之后，皆因身份有别才特殊待之。除了第 48 条外，《卫禁》第 88 条和《擅兴》第 232 条同样是关于 "化外人" 的条款，唐令《户令》《赋役令》也有化外人的令条。与第 88 条和第 232 条从国家安全考虑，防止边关内外相互勾结作乱以及间谍行为等⑩有所不同的是，作为优待外族的总括性规定，第 48 条的适用范围要窄得多。《唐律疏议》特对第 48 条的范围作了限缩解释，加上了 "蕃夷之国，别立君长" 的双重限制，⑪

---

① 《法学词典·国际法》，上海辞书出版社 1984 年版，第 519 页。
② 冯卓慧：《罗马私法进化论》，陕西人民出版社 1992 年版，第 361 页。
③ [美] 孟罗·斯密：《欧陆法律发达史》，姚梅镇译，台湾商务印书馆 1973 年版，第 178 页。
④ 冯卓慧：《从"耳后大秦珠"到〈唐律疏议〉：罗马法对唐代契约法的影响》，第 334 页。
⑤ [美] 孟罗·斯密：《欧陆法律发达史》，姚梅镇译，台湾商务印书馆 1973 年版，第 100 - 102 页。
⑥ 梁启超：《中国成文法编制之沿革》，载梁启超：《梁启超论中国法制史》，商务印书馆 2012 年版。
⑦ 李建忠：《古代国际私法溯源》，法律出版社 2011 年版，第 33 - 69 页。
⑧ 在敦煌吐鲁番出土的唐代法律文书《大谷 8098 永徽擅兴律断片》《TIVK70 - 71 永徽擅兴律断片》中均出现 "化内人" 一词。参见刘俊文：《敦煌吐鲁番唐代法制文书考释》，中华书局 1989 年版，第 88 页。
⑨ 李方：《试论唐朝的 "中国" 与 "天下"》，载《中国边疆史地研究》2007 年第 2 期。
⑩ 李焱：《唐代冲突法发展研究》，大连海事大学 2004 年硕士论文，第 9 页。
⑪ 李焱：《唐代冲突法发展研究》，大连海事大学 2004 年硕士论文，第 23 页。

因此,"化外人,谓蕃夷之国",与"外国人"绝不同一。①"凡四蕃之国经朝贡已后自相诛绝及有罪见灭者,盖三百余国。今所在者,有七十余蕃。"②"蕃夷之国"多数是周边的少数民族政权,少数是独立于唐朝的外国,均属于"内地的边缘",③包括实际控制(属国、属夷、属部、土司、蛮夷长官、藩属)和理论统治(实际是中外关系,理论上属王朝中国)之境。如此限定,既不失优待之意,又最大程度上维护了帝国威严,致使符合条件的"蕃夷之国"很少,如正处于向国家过渡的契丹和奚。南蛮杂类俱无君长,随山洞而居,仅是朝贡的"蕃国",非"蕃夷之国",皆被排除在外。各羁縻州"蕃国"别立君长,类似特区政府,当符合"化外人"条,据此,有学者认为该条是调整同一国家内不同种族和民族之间的人际法律冲突规范。④总之,从国际法视角来看,以"文化"或者类似于"国籍"的双重标准共同确定了"化外人"条的内涵和外延。⑤

如果将"化外人"条理解为人际法律冲突规范,也仅是一条单边冲突规范,那么为何唐朝不要求外国在一定条件下适用本国法?原因在于6～9世纪的唐朝,已成为当时世界最为发达的地区。"各种人民,各种宗教,无不可于长安得之。"⑥大多数外来者均选择唐朝人的思想方式和生活习俗,⑦以成为唐人为荣。⑧今天各国适用外国法的根本原因是想使本国法律在国外得到平等的适用,这对当时的唐人而言是不可想象的,如此的文化优越感,使得"化外人"条理所当然,所

---

① 苏钦:《唐明律"化外人"条辨析——兼论中国古代各民族法律文化的冲突和融合》,载《法学研究》1996年第3期。据《册府元龟》卷九九九,外臣部记载:"开成元年六月,京兆府奏:……准令式,中国人不合私与外国人交通、买卖、婚娶、来往。又举取蕃客钱,以产业奴婢为质者,重请禁之。"
② 《唐六典》卷四·礼部主客郎中条。
③ 鲁西奇:《内地的边缘:传统中国内部的"化外之区"》,载《学术月刊》2010年第5期。
④ 李建忠:《国际私法抑或人际冲突法——〈唐律疏议〉"化外人"条的法律性质辨析》,载《武汉大学学报(哲学社会科学版)》2013年第3期。
⑤ 沈寿文:《〈唐律疏议〉"化外人"辨析》,载《云南大学学报法学版》2006年第3期。
⑥ 向达:《唐代长安与西域文明》,河北教育出版社2001年版,第42页。
⑦ [美]谢弗:《唐代的外来文明》,吴玉贵译,中国社会科学出版社1995年版,第36页。
⑧ 柏杨:《中国人史纲》,山西人民出版社2010年版,第293页。

以并非是一种现代国际法思想使然,反倒是唐代单方面形成的一种法律"共识"而已,而后被各国效仿。同时,在自视为天下中心的唐人看来,适用非唐朝律法来定谳,并不意味着丧失司法权。① 因风俗不同而造成的法律冲突随处可见,司法权的冲突已被风俗文化的冲突所取代,"化外人"条的直接目的就是为了有效地管理外来者。

(二) 化外人所用及政治意义

同类相犯,因"同其风俗,习性一类,若是相犯,即从他俗之法断之"。② 与之相配套的是,旅唐商人以同类聚集在广州、泉州等地所设蕃坊内,以蕃长或都蕃长"管勾蕃坊公事",如"中国皇帝因任命伊斯兰教判官(蕃长)一人,依伊斯兰教风俗,治理穆斯林"③。"本俗法"虽同"习惯法"一样,内涵和性质均值得推敲,但为了方便管理,"本俗法"就如同"自治",无非是羁縻府州自治权的扩张。唐后期登州、莱州、青州等地的新罗侨民居住区也被赋予了一定的自治权。④ 对

---

① 王立民:《中国法律与社会》,北京大学出版社2006年版,第204-205页。
② 曹漫之:《唐律疏议译注》,吉林人民出版社2006年版,第276页。
③ 朱杰勤等:《中西交通史料汇编》(第二册),中华书局1977年版,第201页。
④ 陈尚胜:《唐代的新罗侨民社区》,载《历史研究》1996年第1期。

第二章 古典立法的技艺理性

"依本俗法"断案的唯一制度保障,是中央和地方均设立了通晓"蕃语"的译语人。

唐代以其文化与经济的优势成为庞大国际网络的核心,传统远交近攻的策略遂发展为多角关系,① 逐渐淡化了"非我族类,其心必异"的观念。《新唐书》特置《诸夷蕃将》类传,可见夷番观念之开明。唐太宗曾言"自古皆贵中华,贱夷狄,朕独爱之如一,故其种落皆依朕如父母"。② "四夷可使如一家。"③ 照此逻辑,"异类相犯,此谓东夷之人与西戎之人相犯,两种之人,习俗既异,夷戎之法各又不等,不可以其一种之法断罪,遂以中华之政决之。"四夷如一家,东夷之人与西戎之人皆为兄弟。作为君父的唐皇,当已别居异财而自立门户的子嗣间产生了争端,只能以君父之法断之。而作为独立家庭的东夷人之间或西戎人之间相犯,则以各自家内之法断之。以父权统合君权,颇合古代家国同构的观念。为便于操作,"异类相犯"就不需要考虑当事人各自的属人法,"化外人"条也就没有必要确定更具体的规则。④

因"化外人"条所涉外案件具有外交指引的意义,唐皇有时会亲自干预甚至审理案件。如太和五年(831年),因右龙武大将军李甚之子仗其父之势贷回纥钱不还,为回纥所诉,因涉外事关国体,唐文宗诏命李甚之子偿还债务,还将李甚贬官,⑤ 颇有株连警示之意,俨然超过了案件本身的司法处理。

(三)唐代之后的变化与影响

宋承唐制,但根据罪刑严重程度做了变通,如"广州蕃坊,海外诸国人聚居,置蕃长一人……蕃人有罪,诣广州鞫实,送蕃坊行遣。缚之木梯上以藤杖挞之,自踵至顶,每藤杖三下折大杖一下。盖蕃人

---

① 许倬云:《万古江河:中国历史文化的转折与开展》,上海文艺出版社 2014 年版,第 160 页。
② 《资治通鉴》卷一九八。
③ 《资治通鉴》卷一九七。
④ 法律冲突主要区分为空间上的国际法律冲突和不同种族、民族、宗教和部族之间的人际法律冲突。参见肖永平:《法理学视野下的冲突法》,高等教育出版社 2008 年版,第 3 页。
⑤ 《册府元龟》卷九九九《外臣部·互市》。

不衣裈裤,喜地坐,以杖臀为苦,反不畏杖脊。徒以上罪,则广州决断"①。蕃人有罪,经地方政府鞫实后,徒刑以下由蕃长处理,徒刑以上,则由地方政府处理。因蕃人习惯坐在地上,对杖臀深以为苦,所以允许用脊杖代替,也算是对本俗法的变通适用。"徒以上罪则广州决断"的原则并未被彻底贯彻,时有纠正,如王涣之知广州,"蕃客杀奴,市舶使据旧比,止送其长杖笞。涣之不可,论如法"。② 也有官员对华夷之变深以为然,如汪大猷知泉州,"故事,蕃商与人争斗,非伤折罪,皆以牛赎。大猷曰:'安有中国用岛夷俗者,苟在吾境,当用吾法。'"③ 蕃客始有所惮,无敢斗者。这或许是汪大猷迫于形势的严打政策。更有蕃人主动放弃适用本俗法的例子。如张显之"徙广南东路转运使,夷人有犯,其酋长得自治而多惨酷,请一以汉法从事"。④ 因蕃长执法严酷,竟主动要求适用汉法。北宋真宗大中祥符二年(1009年)十一月,"即诏知州马亮等定蕃商犯罪决罚条,亮等请应大舶主及因进奉曾受朝命者,有罪责保奏裁,自余悉论如律,从之。"⑤ 这一诏敕针对广州藩客聚集示威而发,统一司法操作的努力未果,仅提高了一些带头的巨商和被宋廷委任为官的蕃商犯罪待遇规格——上奏裁决,其他蕃商定罪依然不变。元仁宗以前,可依伊斯兰法掌管回回的宗教和世俗法规。但到仁宗之时,平章政事李孟认为佛道诸教"设官统治,权抗有司,挠乱政事",以自治有碍政权为由使仁宗下令"罢僧、道、也里可温、答失蛮、头陀、白云宗诸司,罢回回哈的司属"。实际上是因其主张政教分离所致。

明代华夷之防的观念已甚强烈,实在没有因袭唐律的必要。⑥ 高度集权的专制体制,使得中央掌控地方的欲望更强。"洪武元年,诏禁胡俗,悉服中国之旧。"⑦ "化外人"条正是明代革除"胡俗"的法律举

---

① 朱彧:《萍洲可谈》(卷二),李伟国点校,中华书局2007年版,第134页。
② 《宋史》卷三四七《王涣之传》。
③ 《宋史》卷四〇〇《汪大猷传》。
④ 《宋史》卷三〇三《张显之传》。
⑤ 《续资治通鉴长编》卷七二。
⑥ 巨焕武:《明代律例有关化外人的犯罪规定》,载《思与言》第14卷第2期。
⑦ 《皇明资治通纪》卷二。

措之一，通过"化外人"条的"明刑"来达到"弼教"之目的。明律规定"凡化外人犯罪者，并依律拟断"，转变为属地主义，① 或与惩治倭寇有关。② 虽然该条以"犯罪者"代替"相犯"，然传统律典民刑不分，并无意义，《大明律集解》依然使用"有犯"一词。明代化外人主要包括四夷人，具体包括外夷来降之人及收捕夷寇散处天下者，包括四方来庭远人，犯边蕃寇，以及土官、土吏。正如《大明律集解》所说："言此等人，原非我族类，归附即王民，如犯轻重罪名，询问明白，并依常律拟断，示王者无外也。""无外"表明，以皇权为核心的明律断然容不下各自独立的家族法，君权与父权的主次之别与唐代不可同日而语，封闭的帝国体制只能通过君权而非父权来实现多民族统治。然实践中却一般不对外国人行使刑事管辖权，③ 要么赦免，要么交由本国处理。明太宗时，和宁王所遣朝贡之使于都市强夺，皇帝也只是"命械送和宁王自治"。到明英宗时，瓦剌使臣与女真使臣互殴伤之，英宗只能以"夷狄素无礼义"自欺罢了，"谕虏王自治"。虽然当时并没有外交豁免权或领事制度，但明成化四年（1468年）十一月日本使臣清启来贡，伤人于市，明宪宗通过赦免的形式，变相准许其回国论治。此例一开，使臣更加无所忌惮，"化外人"条被突破。④ 成化十七年（1481年）七月，苏门答腊等国使臣在朝贡返回途中，受船工教唆买卖人口和私盐，巡抚都御史张瓒"奏请效谕诸国……务遵礼法，并请明定罪例，出榜禁约。都察覆奏，从之"。⑤ 上下两级官员都力图维持"化外人"条的尊严，但毕竟属于外交事件，不得不"效谕诸国，出榜禁约"，颇有外交照会之意，司法原则和外交手段几无差别。

清承明制，但《大清律例》规定了十余条变通性条例，还细致制定了适用于民族地区的单行法规，丰富了唐代"化外人"条的内涵和

---

① 江保国：《化外人、领事裁判权与法典化：国际体系变迁中的中国冲突法》，载《武大国际法评论》第14卷·第2期。
② 李运通：《明朝涉外法律研究》，山东师范大学2010年硕士学位论文，第43页。
③ [日]桑原骘藏：《薄寿庚考》，陈裕青译，中华书局1954年版，第66页。
④ 邱树森：《明律"化外人"条试析》，载《暨南史学》（第一辑），暨南大学出版社2002年版。
⑤ 《明宪宗实录》卷二一七。

体系。在沈家本看来,"今蒙古人自相犯,有专用蒙古例者,颇合《唐律》各依本俗法之意"。① 具体而言,理藩院管辖下的化外人相犯,依蒙古例处之。蒙古例尚未规定的,则要"准照刑例办理"。蒙古人与民人相犯,则按照犯罪行为地法惩治。"如蒙古在内地犯事者,照刑律办理;如民人在蒙古地方犯事者,即照蒙古律办理。"例外的是在蒙古发生的劫囚案,"均照刑例治罪"。在蒙古发生的抢劫案,按同类相犯处之;若蒙古人与民人共同抢劫,则比较清律和蒙古例,按重者处罚。对外国人案件,按同类相犯处之。不同国籍者,原则上不予干涉。但也有例外,如因广东巡抚不相信被告被遣送回国后会受到适当的惩罚,竟照夷法代行处死。涉及外国人的中国人犯罪,一般按清律处罚。涉及中国人的外国人犯罪,则视案情摇摆不定。清代更加复杂且成体系的化外人司法原则,在适用的过程中以外交应对的利好为基准而灵活多变。自1784年起,英国人开始拒绝接受清朝的管辖权。② 但在1821年之后,美国人依然认为:"我们在你们的领海内,我们理应服从你们的法律,即使它们永远是这样的不公正。"③ 这与美国当时急于获取中国利益而主动示好有关。时隔20年之后,不平等条约被作为外国统治的新手段,④《南京条约》之中英《江南善后章程》(1842年)和《五口通商章程:海关税则》(1843年)首次出现的领事裁判权条款所确立的领事裁判权,成为各项不平等条约的中心观点。⑤ 据称当时是议和大臣耆英主动提出放弃司法管辖权的:"此后英国商民,如有与内地民人交涉案件,应即明定章程,英商归英国自理,内民由内地惩办,俾免衅端。"⑥ 因为在清廷看来,领事裁判权条款恰是对自唐以来"化外人"条属人主义的沿袭,便于实现华夷分治,用对自己麻烦最少的方

---

① 沈家本:《历代刑法考》,中华书局1985年版,第1806页。
② [美]爱德华:《清朝对外国人的司法管辖》,李明德译,高道蕴、高鸿钧、贺卫方编:《美国学者论中国法律传统》,清华大学出版社2004年版,第452页。
③ [美]卫三畏:《中国总论》(第二卷),陈俱译,上海古籍出版社2014年版,第406页。
④ 陶文钊:《费正清集》,林海、符致兴译,天津人民出版社1992年版,第54页。
⑤ 吴孟雪:《美国在华领事裁判权百年史》,社会科学文献出版社1992年版,第100页。
⑥ [日]佐佐木正哉:《鸦片战争之研究(资料篇)》,文海出版社1983年版,第217-219页。

第二章 古典立法的技艺理性

法来解决裹挟在外交之中的司法问题。① 领事裁判权条款的制度功能和文化意义竟被双方做出了完全相反的解读。清政府以传统的朝贡意识应对当时出现的法律冲突,使"化外人"条顺利变异成领事裁判权。② 至1918年,共有19个国家根据31个不平等条约在中国享有该司法特权,③ 各国法律同时并行的矛盾随之发生④。可以说,不平等条约打破了清朝不对等地处理对外关系的天朝体制⑤,可谓以子之矛攻子之盾。不变的是,自唐而来,"化外人"条一直是王朝政治和文化单向度向外辐射的写照,只是建构统一的中华法系和儒家政治文化圈的载体。因唐代国力鼎盛而单方面形成的化外人司法原则之国际共识,历经岁月,却在清代因坚守这一单方面的"共识"而错失了参与达成主权国家之间新的国际共识之机遇。"化外人"条虽然一直配合着帝国的贸易形式,但却从唐代的多方共识,渐变为单方主张。一直以国内法或者国内治理为皈依的化外人司法原则,与真正的国际法渐行渐远。

九、家训或世范:南宋袁采对家国法的理解

南宋袁采在基层为官的充分历练经验和社会生活知识的丰富来源,在其以"训俗"为目的的传世代表作《世范》一书中得到了充分体现。该书着重从地方治理的主要议题入手,综合运用理学义理、讼学知识和社会风俗来重塑南宋地方精英所普遍追求的伦理道德,以保障庶民大众的家庭和谐与财富稳定,使地方官履行刑名与钱谷之责举重若轻。该书同以往单纯的家训不同,既可以作为袁氏家族的家风家训,也可以作为地方同僚的履职指南,更可以作为庶民百姓的百科全书。修身齐家治国平天下的精细之策均可以在这个普通的地方县令书中找到。因此,《世范》无疑代表了南宋地方士大夫精英所追求的理想治理

---

① [美]马士:《中华帝国对外关系史》(第一卷),张汇文等译,上海书店出版社2000年版,第109页。
② 江保国:《化外人、领事裁判权与法典化:国际体系变迁中的中国冲突法》,载《武大国际法评论》第14卷·第2期。
③ [日]全小野:《撤销领事裁判权之过去与未来》,载何勤华、李秀清:《民国法学论文精萃》(第六卷),中国政法大学出版社2004年版,第247—248页。
④ 李贵连:《近代中国法制与法学》,北京大学出版社2002年版,第307页。
⑤ 李育民:《中国废约史》,中华书局2005年版,第9页。

准则。

(一) 其人与其书

袁采,约 1140—1195 年,字君载,信安(今浙江常山)人,南宋隆兴元年(1163 年)考取进士,乾道四年(1168 年)外放的第一个官职是江南西路袁州萍乡(今江西萍乡)县主簿,淳熙年间(1174—1189 年),出任浙江东路温州乐清(今浙江乐清)县令,后调任福建路建宁政和(今福建松政)县令达 7 年之久,绍熙年间(1190—1194 年)又迁至江南东路徽州婺源(今江西婺源)县令,供职江浙东南基层达 25 载,对江浙地方民情颇为熟知,且有廉明刚直之称。后来官至监登闻检院,掌司法监察,理军民上书鸣冤等事宜。

在 1178 年得到主政一方的职位后,袁采为了迅速而准确地了解乐清民情,只能首先靠纂修县志作为打开政局的捷径。故而他纂修了乐清最早的十卷本《乐清县志》。其次,重建县学,推广教育。最后,刊行早已编撰好的《世范》,刷新风俗。该书共 3 卷,分睦亲、处己、治家三门。其中《睦亲》60 则,论及父子、兄弟、夫妇、妯娌、子侄等家庭关系的处理;《处己》55 则,纵论立身、处世、言行、交友之道以及如何提升自我修养的规范要求;《治家》72 则,论及处理奴仆、田产、赋税、债务等原则与窍门。在长期繁琐的县衙事务中,袁采深切地感受到,欲想从根本上维护一方稳定,最重要的是正风俗、化人伦,即"训俗"。因此,所作《世范》一书起初定名为《俗训》,"使田夫野老、幽怨妇女皆晓然于心目间",达致"庶几息争省刑,俗还醇厚"的效果。这是身为地方官的袁采理应具有教化全县的使命使然。书成之后,袁采委托他的朋友,同时也与朱熹进士同年,时任隆兴府(今江西南昌)司法参军的刘镇作序。刘镇与朱熹二人皆是绍兴十八年(1148 年)进士,据《绍兴十八年同年小录》所载,当年 34 岁的刘镇位列第二甲,高于 18 岁的、位列第五甲的朱熹。刘镇不仅处理司法事务,而且在首次出仕的职位即常州府司户参军上还处理过民政事务,后来又担任过县丞,与袁采的主簿职位类似,此后才出任福建路长溪(今福建霞浦)县令。他与袁采晋升之路基本相同,应该有很多共同话题。刘镇读罢之后给予了极高的评价:"然是书也,岂唯可以施制乐清,达诸四海可也;岂唯可以行之一时,垂诸后世可以。"遂强烈建议将书名改为《世范》,后经广为流传,又称《袁氏世范》。早在北宋之际,司马光已作《家范》,因其侧重于家庭关系的处理,故不曰"世"范。但其语言文雅,多为儒家典故,难为庶民接受传颂。《世范》则立足于庶民大众,超越家训的读者群体,抛弃典雅脱俗的文言语法,采取近似于白话文的写作风格,以俗语讲明大是大非,① 获得极大口碑,遂成为"范世"之作。

袁采为官乐清时,朱熹理学思想已经成熟。如此好学上进,能迅速捕捉到社会形势的袁采想必也对理学思想细致追踪过,因为在《世范》约3万字的内容中,有关女性的文字约占五分之一,多数文字均体现了对不同女性的理解和关怀,这是宋代整个社会对女性态度转变的写照,足以证明袁采极为广博的学识洞见和对社会动向的敏感把握。因此,他也讲究理学"格物致知"的躬耕实践,曾三入雁荡山实地考察,纠正了雁山图的误差,并撰写《雁荡山记》一篇。此后在福建任上的7年县令生涯,也重复了其在乐清的做法,著有《政和杂志》(相当于《乐清县志》)、《县令小录》(相当于《世范》),可见他认为这是在乐清5年县令生涯中两大最为值得称道的经验。不过只有《世范》传世,《县令小录》从名称上看或许只是《世范》的部分摘录,或仅增加了类似于日记之类的内容,故传播范围并不广,只限于同僚罢了。绍熙年间,杨万里奉命督查考核地方官员政绩时对袁采大加赞赏:"及来婺源,察见徽之诸邑其敝之尤者,专以纠法为理财之源流,广开告讦之门……白之监司太守,请痛禁止,自是诸邑之民,皆得安堵。"② 这一评价更是表明,袁采在萍乡、乐清、政和和婺源的执政风格有一脉相承之处,他重在以律法保障财货流通,鼓励告奸,严惩滥讼诬告,这或是他此后任职谏院的政治资本。

---

① 如《亲旧贫者随力周济》一条说:"俗谓'不孝怨父母,欠债怨财主'";《家业兴替系子弟》一条讲:"谚云:'莫一言家未成,成家子未生;莫言家未破,破家子未大。'"参见[宋]袁采:《袁氏世范》,天津古籍出版社1995年版,第34页,第38页。
② 《诚斋集》七十卷《荐举徐木、袁采、朱元之、求扬祖政绩奏功》。

两宋之际,中国曾经有过的豪强大族已经消失,代替的是地方性大户。① 由于经济发展所导致的世事无常,贫富易位的现象屡见不鲜,这不得不引起一些士大夫的重视。说小一点,在这样一个竞争的社会中,家族如何在竞争中取胜,以保持家族不衰,是每个家庭都必须面对的问题。因此,一些仕宦家族积极地纂述家训,以期通过对家庭成员的道德教化、行为规范等令其修身齐家,以维持家族的优势地位。说大一点,南宋士大夫对朝廷无力收复失地深感失望,对顶层设计有心无力,只能退而求其次,关注社会基层,通过兴办学校(书院)普及知识,变革家族和村社,以使中国传统文化精华不致因来犯之敌而遭毁灭。② 诸如欧阳修开风气之先,指导如何编纂合乎体例的家谱,范仲淹首创族产之说,朱熹则最先提出设立祠堂,等等之举均是在修身齐家治国平天下的古典儒家哲学要求下的应激反应。在江浙、福广等等省份,家族已经成为了一支举足轻重的力量。这些都是袁采撰写《世范》一书的最大社会背景,也是该书落脚点在"治家"的原因,更是《四库全书提要》之所以称其为"固不失为《颜氏家训》之亚也",依然将其视为传统家训一类的缘由所在。

此外,经济发展和人口增多使普通农民意识到其生活发生了重要变化,即使在最发达的地区,乡村生活似乎也远非平安无事。地方官员频频报怨肃清土匪之难,衙门里充斥着邻里亲友互相诉讼、争夺田产的案子。袁采供职的萍乡素有"袁之于江南,中郡也。地接湖湘,俗杂吴楚,壤沃而利厚,人繁而讼多……编户之内,学讼成风,乡校之中,校律为业"③。据宋人周密所称:"江西人好讼,是以有簦笔之讥,往往有开讼学以教人者,如金科之法,出甲乙对答及哗讦之语,

---

① 许倬云:《说中国——一个不断变化的复杂共同体》,广西师范大学出版社2015年版,第147页。
② 对自我完善或改革家庭及村庄等小单位的偏爱,是南宋士大夫和北宋最大的不同。北宋士大夫力图解决国家与社会组织这类关乎宏旨的要事,但由于南宋国力衰微,战事不利,儒生们只能主张从身边事物着手,忙于一些容易获得成功的事情。这种守内的性格使得南宋士大夫普遍认为,靠内在道德的净化反省而复兴儒学,才能保存和强化中国传统文化,以致不被北方蛮族入侵。参见[美]伊佩霞:《剑桥插图中国史》,赵世瑜等译,山东画报出版社2002年版,第112页。
③ [宋]杨侃:《增修袁州郡厅记》卷六七。

盖专门於此,从之者常数百人。"① 江南乡村中甚至还出现了专门训练人如何应付词讼的机构,讼学已经扩散到了孩童的启蒙教育:"江西州县有舍席为教书夫子者,聚集儿童授予非圣之书,有如四言杂字,各类非一,方言俚鄙,皆词讼语。"② 后来出任江西宜丰县令的应俊,在其编辑的《琴堂谕俗编》一书序言中,也有同样的感受:"相欺、相凌、相斗、相夺、相戕杀、相诋讦,以唆教作生涯,以胁持立门户。"故袁采应该对江南兴讼之俗了如指掌,而且《世范》中所出现的大量关于词讼应对的精细之策或许就来自于当时颇为流行的讼学,只不过袁采作为官方代言人,将官方所打压的民间讼学知识转变为官方劝诫之语,合理地利用了讼学,无疑为庶民大众提供了一本可公开传播的安居乐业的生活实用手册,但初衷则是以此书作为袁采针对江西兴讼之俗而放的"新官上任"第一把火。

(二) 家事与国事

由于印刷术的普及和推广,士大夫的知识结构开始变得多元,以前主要靠口头传颂的知识被诉诸笔端,有利于士大夫进行批评或付诸实践,指出文字的前后矛盾之处或无法核实的迷信内容,从而否定这些传统的权威。③ 袁采即是如此,在《世范》中一反传统,倡导家庭成员间的平等之道,即便是长辈,也要以超乎其他人的修养来树立权威,而非以尊卑压人。相比朱熹,袁采并没有无限制地强调父系原则。④ 子女要保持各自的性格,没必要屈从长辈。如此,则"必相和协,无乖争之患"。同居共财的现象在宋代颇为常见,然袁采则认为同居能共财固然很好,但不能勉强维持。为了避免财产继承纠纷,袁采还建议多子的大家庭应该做好生前遗嘱,安顿好庶子、非婚生子及遗

---

① 《癸辛杂识·续集·讼学业觜社》。
② 《宋会要辑稿》《刑法二之一五十》。
③ [美] 伊佩霞:《剑桥插图中国史》,赵世瑜等译,山东画报出版社2002年版,第111 - 113页。
④ [美] 伊佩霞:《内闱:宋代的婚姻和妇女生活》,胡志宏译,江苏人民出版社2004年版,第9页,第238页。

腹子的份额。"常预为遗嘱之文",且"遗嘱公平"。① 如对于家中的"不肖子孙"要有灵活的应对方法:"若父、祖缘其子孙内有不肖之人,虑其侵害他房,不得已而均给者,止可逐时均给财谷,不可均给田产。"否则不肖子将田产变卖,又会"窥觑他房,从而婪取,必至兴讼",而且会"使贤子孙被其所扰害,同于破荡"。② 义子应当坚持不收养异姓为原则,以防日后与族人争产或同姓结婚的恶果,且义子名分要早定。此外,对被收养人的年龄要区分对待。贫者养他人之子当于幼时,易培养其情感。而富者养他人之子当于既长之时,易观察其性格,防止败家致祸。"盖贫者无田宅可养暮年,惟望其子反哺,不可不自其幼时衣食抚养以结其心",而"富人养他人之子,多以为讳故,欲及其无知之时抚养,或养所出至微之人,长而不肖恐其破家,方议逐去,致有争讼"。所以对富家养子"取于既长之时,其贤否可以粗见,苟能温淳守己,必能事所养为所生,且不敢破家,亦不致兴讼也"。③

在婚配方面,袁采不提倡指腹为婚或童婚,"盖富贵盛衰,更迭不常。男女之贤否,须年长乃可见"。否则,若有变故,进退两难,只能兴讼:"从其前约则难保家,背其前约则为薄义,而争讼由之以兴。"媒妁之言也不可轻信,表亲婚可鼓励,但不可因表亲而礼数不周,以免引起纷争:"故凡因亲及亲,最不可托熟阀其礼文,又不可忘其本意,极于责备,则两家周致,无他患矣。"④ 亲戚之间互帮互助也时常有之,"人之姑、姨、姊、妹及亲戚妇人,年老而子孙不肖,不能不供养者,不可不收养"。但是为了防止争端或者官司,"须于生前令白之于众,质之于官,称身外无馀物,则免他患"。⑤ 此外,亲戚之间的借贷不宜太频,"虽米、盐、酒、醋计钱不多,然朝夕频频,令人厌烦。如假借衣服、器用,既为损污,又因以质钱",反倒"因财成怨"。因

---

① [宋] 袁采:《袁氏世范》,天津古籍出版社1995年版,第55页。
② [宋] 袁采:《袁氏世范》,天津古籍出版社1995年版,第54页。
③ [宋] 袁采:《袁氏世范》,天津古籍出版社1995年版,第39页。
④ [宋] 袁采:《袁氏世范》,天津古籍出版社1995年版,第50页。
⑤ [宋] 袁采:《袁氏世范》,天津古籍出版社1995年版,第53页。

第二章 古典立法的技艺理性

此,对待亲戚故旧,"不若念其贫,随吾力之厚薄,举以与之。则我无责偿之念,彼亦无怨于我"。① 如果借人钱谷过多,则会使借钱人"宁以所还之资为争讼之费者多矣"。② 那么就难以维持亲戚之间和谐融洽的关系。

对仆人和奴婢的管理,袁采也给出了中肯的建议。纳妾和奴婢需防备婢妾与人私通,尤其不宜在外地安置婢妾。漂亮的小妾不可以蓄养,"切不可蓄姿貌黠慧过人者"。年老之人更不宜蓄养婢妾,"暮年尤非所宜"。婢妾身份来历宜要问清,因为"恐有良人子女,为人所诱略",触犯刑律。奴婢最好是本地人,便于了解其品行,也较易处理各种突发情况:"盖或有患病,则可责其亲属为之扶持;或有非理自残,既有亲属明其事因,公私又有质证。或有婢妾无夫、子、兄、弟可依,仆隶无家可归,念其劳不可不养者,当令预经邻保,自言并陈于官。或预与之择其配,婢使之嫁,仆使之娶,皆可绝他日之意外之患也。"而且"雇婢仆须要牙保分明"。③ 狡猾奸诈之徒尤不可用,否则极易引诱子弟为非作歹,败家破财。对顽固不从的奴仆则可遣送回家,但不要殴打,一旦发现奴仆行违法之事便要送官究办,还要严防佃客引诱家内妇幼私自放贷钱谷。

同僚淳熙年间任休宁知县的祝禹圭对袁采的评价是:"廉而近介,公而过刚,勤而苦节。"尤其是"勤而苦节"颇能体现他关于"治生节用"的劝诫。④ 袁采倡导节约的经济用度之理:"盖百事节而无一事之费,则不至于匮乏;百事节而一事不节,则一事之费与百事不节同也。"⑤ 凡事应事先准备,科学理财。比如婚丧嫁娶方面:"今人有生一女而种杉万根者,待女长,则鬻杉以为嫁资,此其女必不至失时也。有于少壮之年,置寿衣寿器寿茔者,此其人必不至三日五日无衣无棺可敛,三年五年无地可葬也。"⑥ 同时,还要注意防盗防骗,保持家财

---

① [宋]袁采:《袁氏世范》,天津古籍出版社1995年版,第34页。
② [宋]袁采:《袁氏世范》,天津古籍出版社1995年版,第63页。
③ [宋]袁采:《袁氏世范》,天津古籍出版社1995年版,第145-146页。
④ 《(嘉靖)衢州府志》卷一〇《人物记》。
⑤ [宋]袁采:《袁氏世范》,天津古籍出版社1995年版,第103页。
⑥ [宋]袁采:《袁氏世范》,天津古籍出版社1995年版,第104页。

不损。袁采从犯罪心理上分析认为，为富不仁者最易成为打家劫舍的对象。比如富人贷钱取息，只要不是高利盘剥，则至为合理。但不可乘穷人破产之危，压低田价，兼并土地。因此，富贵之家应多行善事，且和睦邻里，"居宅不可无邻家，虑有火烛，无人救应"。"须平时抚恤邻里有恩义"①，如此才能联防互助。各家庭院要注意勤修防护垣墙，以免盗贼侵扰和奴婢及不肖子孙在夜间奔窜；山野僻静处居住应建立庄园，让佃户同住，有所照应。为防止群盗入户抢劫，则要随时准备器械，并在重要路口安排防御人手，同时不忘设置紧急出口。尤其是夜间防盗时，勿要防卫过当，并注意防范火灾。为避免骗取财物，尽量不要让尼姑、道婆、媒婆、牙婆等人进入家中。儿童不可佩戴贵重物品，不可独游于闹市，防止被人拐骗，也不可单独在危险之地，如河边井边等玩耍逗留。邻里之间要注意避免一些无意的过失，防患未然："人有小儿须常戒约，莫令与邻里损折果木之属。""养牛羊须常看守，莫令与邻里踏践山地六种之属。人养鸡鸭须常照管，莫令与邻里损啄菜茹六种之属。"即便如此，还要预先采取一些自我保护措施，防止瓜田李下之事："坟茔山林，欲聚丛长茂荫映，须高其围墙，令人不得逾越。园圃种植菜茹六种及有时果去处，严其篱围，不通人往来，则亦不至临时责怪他人也。"②

以上的这些经验教训当中，有些是需要经过几代人的积累才能形成的③，这与袁采生于官宦大家庭有关，其父袁国贤曾任泉州知府。不过，他除受到良好的家教并有机会亲身思考并处理大家族中的各种庞杂事务外，能写出以上细微具体的防范经营之诀窍，与他对生活细致观察体验也不无关系。例如他建议："凡夜犬吠，盗未必至亦是盗来探试，不可以为他而不警。夜间遇物有声，亦不可以为鼠而不警。"④ 又如，他对农家起火原因的分析也是十分精到："火之所起，多从厨灶。盖厨屋多时不扫，则埃墨易得引火。或灶中有留火，而灶前有积薪接

---

① ［宋］袁采：《袁氏世范》，天津古籍出版社 1995 年版，第 128 页。
② ［宋］袁采：《袁氏世范》，天津古籍出版社 1995 年版，第 154 - 155 页。
③ 蒋黎茉：《袁采与〈袁氏世范〉研究》，东北师范大学 2012 年硕士学位论文，第 9 页。
④ ［宋］袁采：《袁氏世范》，天津古籍出版社 1995 年版，第 119 页。

连，亦引火之端也。""烘焙物色过夜，多致遗火。"① 再如，他对商业经营中掺杂掺假的伎俩十分了解："如贩米而加以水，卖盐而杂以灰，卖漆而和以油，卖药而易以他物。"② 这些经验全部成为《世范》的材料来源，也表明了首次出任地方官的他准备之充分。

袁采的以上劝告看似在处理家长里短之事，但始终是在预防争讼和刑案发生，志在安民。这些内容完全可以看作是袁采初次主政一方所详细发布的安民告示，旨在保全地方家族财产和维持家内秩序，确保赋税征收和任内治安。在此意义上，家事与国事在袁采眼中是没有分别的。作为一个首次履职地方的基层官员，天下事并非其考虑的重点，唯有立足基层琐事，才能确保正确履职。在历经十年佐官生涯之后，他深知被扶正之来之不易，不得不全盘考虑，无微不至，因为小心能驶万年船。

（三）理学与讼学

袁采在考取进士的 5 年之后出任袁州萍乡县主簿，主簿是位列县丞之下、县尉之上作为知县的重要佐官。宋代较高等级县的主簿由科举出身者担任，不仅负责勾稽簿书，还负责征督赋税、出纳官物、参与司法等职能，且时常会被监司、郡守以符檄委派出差催督赋税、行视水利工程、检视灾伤、处理积讼等。十年的主簿（或者称见习知县）生涯让袁采基本掌握了一县之治理难易之关键，即家庭不睦、争讼财产、为富不仁等。他所编撰的《世范》也从这些基层治理难点入手，"先天下之忧而忧"，践行宋代士大夫"以天下为己任"的抱负。③ 经由主簿的力量，他发现地方财政亏空的原因在于："作县之人不自检己，吃者、着者、日用者，般絜往来，送遗给托，置造器用，储蓄囊笥，及其他百色之须，取给于手分、乡司。为手分、乡司者，岂有将己财奉县官，不过就簿历之中，恣为欺弊。或揽人户税物而不纳；或

---

① ［宋］袁采：《袁氏世范》，天津古籍出版社 1995 年版，第 124－125 页。
② ［宋］袁采：《袁氏世范》，天津古籍出版社 1995 年版，第 65 页。
③ 余英时认为，"以天下为己任"可以视为宋代"士"的一种集体意识，参见余英时：《朱熹的历史世界》，三联书店 2004 年版，第 219 页。

将到库之钱而他用；或伪作过军、过客券，旁及修葺廨舍，而公求支破；或阳为解发而中途截拨……弊百端，不可悉举。"他告诫到："大凡居官在事，不可不仔细，猾吏奸民尤当深察。若轻信吏人，则彼受乡民遗赂，百端撰造，以曲为直，从而断决，岂不枉哉！"除此之外，贪暴之官吏以权压人，恃强凌弱的例子也是不胜枚举，如"贪暴之官必有所恃，或以其有亲党在要路，或以其为州郡所深喜，故常难动摇""吏以官库之钱而行赂，毁去簿历，改易案牍""冒占官产，不肯输租；欺凌善弱，强欲断治"等等。① 袁采只能将改善这一状况寄希望于天怒人怨："假以岁月，纵免人祸，必自为天所诛也。"② 此类依靠"存天理，灭人欲"的朴素报应观成为袁采教化百姓的不二选择。如商人也应该诚信经营，不得掺杂掺假，如此天理难容："凡物货必真，又须敬惜。如欲以此奉神明，又须不敢贪求厚利，任天理如何，虽目下所得之薄，必无后患。"③ 又如面对因分家析产而诉争颇多的现实，袁采认为，即便是分到更多的财产，但遇到浪荡子弟，也无法逃脱贫困的境地。因此，如果世人皆知天理难胜，就能避免争产之心。"有以分析不平，屡经官求再分，而分到财产随即破坏，反不若被论之人昌盛如故者。世人若知智术不胜天理，必不起争讼之心。"④ "存天理，灭人欲"的观念还表现在袁采欲通过"礼义"而节之欲望："饮食，人之所欲，而不可无也，非理求之，则为饕为馋；男女，人之所欲，而不可无也，非理押之，则为奸为淫；财物，人之所欲，而不可无也，非理得之，则为盗为贼。人惟纵欲，则争端起而狱讼兴。圣王虑其如此，故制为礼，以节人之饮食、男女；制为义，以限人之取与。"⑤ 虽然在袁采生活的南宋之初，理学仍然处在边缘地位⑥，但他难免不受影响。

刑名乃第一大要务，袁采也极力降低诉讼可能。他认为争讼乃不得已而为之。在处事过程中，只要"彼稍服其不然则已之""不必费用

---

① [宋] 袁采：《袁氏世范》，天津古籍出版社 1995 年版，第 115－116 页。
② [宋] 袁采：《袁氏世范》，天津古籍出版社 1995 年版，第 112 页。
③ [宋] 袁采：《袁氏世范》，天津古籍出版社 1995 年版，第 169 页。
④ [宋] 袁采：《袁氏世范》，天津古籍出版社 1995 年版，第 25 页。
⑤ [宋] 袁采：《袁氏世范》，天津古籍出版社 1995 年版，第 96 页。
⑥ 葛兆光：《中国思想史》，复旦大学出版社 2000 年版，第 219 页。

财物,交接胥吏,求以快意,穷治其仇"。即便在生活中吃了小亏也无妨,他建议以强大内心化解戾气,避免与恶人相较,更不要"至于殴打论讼"。因为"忠信二事小人不守者多……而怜小人之无知,及其间有不得已而为自便之计"。① 这可能与袁采兼具百家思想有关,《世范》在清代以前则一直被归为杂家。他更是从诉讼成本上来劝导不必兴讼:"仇者不伏更相诉讼,所费财物,十数倍于其所直。"从诉讼心理上而言,"大抵人之所讼互有短长,各言其长而掩其短",如果再考虑到官吏贪墨的可能,"胥吏得以受赇而弄法,蔽者之所以破家也"。这样打官司就成了意气之争,即便是胜了官司,但也丢了阴德:"至于争讼财产,本无理而强求得理,官吏贪谬,或可如志,宁不有愧于神明!"②

钱谷也是同刑名并列的基层治理核心。为了保障完成赋税征收任务,确保不违农时,更是要从积极方面预防争产兴讼。田产"异居分析之初,置产、典买之际,尤不可不仔细。人之争讼多由此始"。因为借此机会,"有欲便顺并两丘为一丘者""有以屋基山地为田,又有以田为屋基园地者"。为此,因田产四至不清而导致的争讼完全可以通过界至分明来避免:"人之田亩有在上丘者,若常修田畔,莫令倾倒。人

---

① [宋] 袁采:《袁氏世范》,天津古籍出版社1995年版,第35页。
② [宋] 袁采:《袁氏世范》,天津古籍出版社1995年版,第111页。

之屋基园地若及时筑叠垣墙,才损即修。人之山林若分明挑掘沟堑,才损即修,有何争讼!"① 分家析产也要早立阄书,送官验证,勿要因惧怕官府勒索而因小失大。同时,要具有契约防范意识:"不可凭恃人情契密不为之防……如交易取钱未尽,及赎产不曾取契之类。"②

在田产交易的程序上,为避免违律,袁采给出了甚为详细的建议,因为"官中条令,惟交易一事最为详备,盖欲以杜争端也"。但是若"人户不悉",就会"违法交易,及不印契、不离业、不割税,以至重叠交易,词讼连年不决"。因此之故,袁采才给予了细致入微的指引:"当先凭牙家索取阄书砧基,指出丘段围号,就问见佃人,有无界至交加,典卖重叠。次问其所亲,有无应分人出外未回,及在卑幼未经分析。或系弃产,必问其初应与不应受弃。或寡妇卑子执凭交易,必问其初曾与不曾勘会。如系转典卖,则必问其元契已未投印,有无诸般违碍。"如此之后"方可立契"。在确定交易签字画押的时候,"如有寡妇幼子应押契人,必令人亲见其押字"③,确保交易真实有效。法律之外的一些小常识在袁采看来更需要遵循。例如,邻近田产宜增价买,"凡邻近利害欲得之产,宜稍增其价,不可恃其有亲有邻及以典至买及无人敢买而扼损其价。万一他人买之则悔且无信,而争讼由之以兴也"。违法田产更是不可买,袁采告诫道:"凡田产有交关违条者,虽其廉价,不可与之易。""他时事发到官,则所废或十倍。"④

同时,寄产于官户或普通地主之家以逃避赋役都是极为愚昧的表现,这样容易引起日后争讼。因此,建议所辖百姓应当秉持"君子之财取之有道"的原则,预备赋税,及时缴纳。"凡有家产必有税赋,须是先截留输纳之资,却将赢余分给日用,岁入或薄,只得省用,不可侵支输纳之资。"⑤

袁采所关注的以上问题,在宋代被称为"田宅钱债"之"细故",

---

① [宋] 袁采:《袁氏世范》,天津古籍出版社1995年版,第155页。
② [宋] 袁采:《袁氏世范》,天津古籍出版社1995年版,第62页。
③ [宋] 袁采:《袁氏世范》,天津古籍出版社1995年版,第160页。
④ [宋] 袁采:《袁氏世范》,天津古籍出版社1995年版,第161页。
⑤ [宋] 袁采:《袁氏世范》,天津古籍出版社1995年版,第64页。

第二章　古典立法的技艺理性

然而这些"细故"在他看来并非无关紧要之事。实际上对庶民大众而言，这些被称为"细故"的琐碎之事，相比官府所看重的"杀人越货"之重情更为常见和重要①，也是日常伦理可望又可即的领域。因此，《世范》不仅依托已经成熟的理学价值观来对贪墨奸猾之徒进行伦理道德上的谴责，而且将"细故"之事同刑名诉讼和钱粮赋税结合起来，既有息讼和谐的消极预防，又有凭证交易的积极预防，让这些属于庶民百姓的"细故"之事同政事和国事紧密联系起来，从伦理性的理学之道德教化和技术性的讼学（诉讼发生学）之维权止损来共同重塑社会的伦理道德。

（四）不同的《世范》

《世范》位居《颜氏家训》之后，与《世范》不同的是，《颜世家训》比较侧重于学术的传承，颇多对经史文章的考证，尤其详细叙述了颜之推在书法、绘画、射箭、算术、医学、弹琴等方面的见解，有很浓的学究气。强调躬耕实践、格物致知的袁采则主张现实主义和实用主义，在《世范》一书中侧重世俗经验的传授而非理论的空洞说教。因为以袁采为代表的南宋普通知识分子，正逐渐抛弃了以往的"文学—历史"的视角，而代之以"伦理—哲学"的视角，这是唐宋变革之际所致。随着科考人数的增加，北宋以后读书人通过科举考试的可能性下降了。因此，到11世纪末，通过两种传统的标准——门第与职官——来维持士的身份已不可能，只能靠读书为学才能获得士的身份认同。为学的目的变成了完善个人道德修养，学以至圣人。②这也是理学所强调的，每个人只要能充分发挥自己的天性，就可以成圣成贤，但不一定要出仕为官。道德而非官位才是理学家真正看重的权威

---

① 赵晓耕：《两宋法律中的田宅细故》，载《法学研究》2001年第2期。
② 周晋：《唐宋学术转折与道学文化的兴起——略述包弼德教授的程颐研究》，载《中州学刊》1997年第1期。

标准。① 于是，南宋的士大夫性格就从官僚性格变成地方精英的性格②，这就是唐宋思想转型的社会基础。

如此就不难理解，其实袁采心目中理想的士是一个有伦理的人，而不是颜之推所看重的一个有文化的人。因为，颜之推面对的是一个世家大族正抛弃他们的文化以便仕进的时代，袁采面临的则是一个地方精英正抛弃他们的伦理标准，以便增强他们占有地方财富和权力的时代。③ 就此而言，袁采理想的"士"虽等同于"富贵之家""高资之家"和"显贵之家"，但显贵之家又是通过地方精英所重建的伦理道德来维持的。所有这些维持财富和权力而重建的伦理道德，则是由礼义、律法、习俗以及理学相互融合而成的。

颜之推一生历仕四朝（南梁、北齐、北周、隋代），出身于贵族之家。他生活的南北朝隋唐时代是门阀社会，出仕可保世族荣誉。但到了南宋，世族不再以仕宦为业，家族财富基业的稳固才是王道，这一点是颜之推不曾关注的。如果说《颜氏家训》所代表的是世家大族继承儒雅的文化传统来出仕，以保持荣誉的"斯文"说教的话，那么《世范》则是代表家族如何通过新的道德伦理，保持良性经营的长远利益之方案。如何保持这种家族地位？唯有通过保持邻里和睦、与人保持良好而端庄的关系、仔细打理家族财产等来实现。因此，袁采偏爱于物质财富，这在颜之推看来完全是"有辱斯文"。④ 袁采甚至认为士大夫之子弟，即便是科举失败，也可以通过选择其他职业来维持家族地位："苟无世禄可守，无常产可依，而欲为仰事俯育之计，莫如为儒。其才质之美能习进士业者，上可以取科第、致富贵，次可以开门教授，以受束修之俸。其不能习进士业者，上可以事笔札、代笺简之役，次可以习点读，为童蒙之师。如不能为儒，则巫医、僧道、农圃、

---

① 张冠梓：《探寻历史与现实之间的脉络——专访哈佛大学包弼德教授》，载《中国社会科学报》2009年9月3日。

② 周武：《唐宋转型中的"文"与"道"——包弼德教授访谈录》，载《社会科学》2003年第7期。

③ ［美］包弼德：《斯文：唐宋思想的转型》，刘宁译，江苏人民出版社2001年版，第14－15页。

④ ［美］包弼德：《斯文：唐宋思想的转型》，刘宁译，江苏人民出版社2001年版，第9－11页。

商贾、技术，凡可以养生而不至于辱先者，皆可为也。"并且认为："子弟有愚缪贪污者，自不可使之仕宦。"因为"今其愚缪，必以狱讼事，悉委胥辈，改易事情，庇恶陷善""今其贪污，必与胥辈同谋，货鬻公事，以曲为直，人受其冤，无所告诉"。①

（五）多元的《世范》

《世范》亦可归入训谕一类。以往的家训要么姿态极高，故作高深，说理空洞，只属于大族世家的微言大义；要么颇为务实，重官场名节，读来全是仕途功名之禄，这些均属于仕宦家训。随后才逐渐出现了居家实用型家训，主要有传授生计知识的"治生"家训和家庭理财的"制用"家训，成为明清之际普罗大众的日用"类书"的雏形。以生活琐事回应日益开化的庶民大众之需，于是家训也就变成了俗训，甚至国训和世训，家国天下的士大夫抱负便经由家训的承载变得可以触摸，在《世范》一书中就可以找到治理家国天下的各种具体之策。

从内容上看，《世范》是一整套为人处世的社会生活小百科，细致入微，完全是袁采对人生、社会和生活感悟的肺腑之言。②而且该书采用了类似于"为了您的和谐稳定"而非"为了国家的长治久安"这样的叙述策略，从庶民自身利益来实现移风易俗、普及国法的功业，很容易成就袁采平易近人的地方官形象。袁采之名虽终未载入《宋史》，他也仅是一名普通的南宋基层官员，但正是他的这种身份，才能让《世范》显得真实而贴心。该书一出，势必引起官场共鸣，可视作类似于清代官员和幕友编撰的为官执政指南，如《牧令须知》《佐治药言》之类，将官场和社会的一些恶习及潜规则娓娓道来。同时，也可以视作风俗纪要，以礼义秩序、律法规范和民风世俗为主题，即可助庙堂之人关怀民情，也可襄江湖之人安然处事，于各阶层均有裨益，雅俗共赏。更重要的是，该书还代表了南宋地方士大夫精英所追求的普遍治理标准，难怪该书不经意间便成了畅销书，垂诸后世，兼善天下。

---

① ［宋］袁采：《袁氏世范》，天津古籍出版社1995年版，第11页。
② 黄锦君：《宋袁采及他的〈袁氏世范〉》，载《宋代文化研究》（第十八辑），四川文艺出版社2010年版，第268—269页。

后人称赞道:"所言妇子居室之事,准乎人情,协乎天理,没身处世,即病即药,几乎纤细,悉不遗矣。"①

或许只有郑玉道的《琴堂谕俗编》能与《世范》一较高下,《琴堂谕俗编》同样是由在江西宜丰担任县令的应俊编辑成书,再经元人左祥补编后分上、下卷,上卷注重家内礼制,包括孝父母、友兄弟、教子孙、睦宗族、恤乡里、重婚姻、正丧服、保坟墓、重本业;下卷注重社交品行,包括崇忠信、尚俭素、戒忿争、谨田户、积阴德、择朋友。"其书大抵采撷经史故事关于伦常日用者,旁证曲喻,以示劝戒,故曰《谕俗》。"② 就此来看,该书同样是以重建日常伦理道义为中心,与袁采不谋而合。可以说,袁采旨在通过重塑一种新型的伦理③,在尚讼的江南之地更能举重若轻地执政而已。④ 这种集家庭伦理和社会伦理于一体的新型伦理之所以可能,是在印刷普及使得知识易得的前提下,因地方经济发展,民众增强了通过律法进行自我防卫的意识,再加上地方精英力促所成。当然,重视新型伦理的价值是在南宋社会内在转向的大背景下完成的。当南宋无法解决包括法制繁杂在内的多种社会问题时,思想界的领袖人物便"反求诸己",期望以增强道德的方式来解救苍生。⑤ 这种保守主义思想终被树立为国家正统,成为影响中国后世近千年之久的理学。⑥

---

① [清]陈弘谋:《五种遗规》,载《续修四库全书》,上海古籍出版社2003年版,第127页。
② [清]永瑢、纪昀:《四库全书总目提要》。
③ 刘欣、吕亚军:《兴讼乎?息讼乎?——对〈袁氏世范〉中有关诉讼内容的分析》,载《邢台学院学报》2009年第3期。
④ 参见龚汝富:《江西古代"尚讼"习俗浅析》,载《南昌大学学报(社会科学版)》2002年第2期。
⑤ 黄仁宇:《现代中国的历程》,中华书局2011年版,第30-43页。
⑥ [美]刘子健:《中国转向内在:两宋之际的文化内向》,赵冬梅译,江苏人民出版社2012年版,第3页。

第三章

古典司法的政治逻辑

一、正大光明与司法装饰技艺

（一）何谓青天：青色的司法意蕴

进入古代的衙门公堂，首先入眼的便是官员座位背后的那幅"海水朝日图"，民间把它叫作"日出东方图"。这幅图多被视为劝诫官员"清如海水，明似朝日"。画面中采用传统中国画写意而非写实的风格，颇有文人画的技法，脱略形似，强调神韵，很重视画中意境的渲染。钱穆认为中国文化之特殊精神，在其偏重于道德精神之一端。海水朝日图也有着深刻的道德教谕。小民进入公堂的主要目的是打官司，打官司必定意味着要掀起波澜，平静的生活将被激烈的诉讼所打破。这幅海水朝日图就描绘出了日出东海之时，光芒四射、冲破一切黑暗和狂暴的景象。它除了在告诫官员要洞悉万变世界，使小民生活重归于平静，为治下百姓带来光明外，还殷切地希望通过公堂的理断，为天子带来海晏河清的政局。以青绿或黄青作为海天的主色调，也正是"青天"的象征色。

我们现在形容天的"蓝"，其本意是指蓼蓝，一种一年生的草本植物，古人讲"青取之于蓝而胜于蓝"用的正是本意。古人并不用蓝来表示颜色,青色的外延极广,绿、蓝、黑均可以用青来表示,因此,也就没有了蓝天之说,只剩下青天了。大约到了隋唐,蓝才引申为与绿色相近但又有所区别的颜色词。从白居易《忆江南》中说的"春来江水绿如蓝",就可以看出蓝绿有别了。即便蓝成了颜色名,也只能与绿混搭,与天空之色依然没关系。

天,最早也被称为"苍天",《说文解字》认为"苍"是"草色也"。草为青色,苍也就有了青的涵义。所以说,"苍天"本与"青天"同义。只不过,苍所指的青色,是浓重而偏黑的青。如果要在司法公正中使用"青天"的意象,借用的是清澈且清淡的青,即"天朗气清",象征司法审判的"正大光明"。因此,苍天所指的青色,也就很少用在司法环境中了。

中国古代的天,不仅是自然的天,而且还是人格化的天,象征着至高无上,皇帝的合法性也来自于天,故而被称为"天子"。既然皇帝是天子,天又被称为青天,皇帝也自然"垂青"于"青"了。

一般人都认为黄色才是皇权的象征,然真正把黄色作为皇室专有颜色的,却始自隋唐。最早青色才是皇帝专用色。汉代礼仪规定,写有皇帝诏书的简牍必须先以紫泥封印,再用青色的囊包裹好。用作外观包装的青色十分明确地告诉所有人,它来自于皇帝,非请勿开。就连皇帝的卧榻也被称为"青蒲","青蒲,天子内庭也,以青色规之,而谏者伏其上"①。皇帝一般会准许宠臣进入只有皇后可以接近的"青缘蒲席",秉直谏言。这样,青色就被赋予了帝王之性。

之所以将帝王之色作为青色,源自于青色的象征义。东汉刘熙《释名·释采帛》曰:"青,生也,象物生时色也。"东汉王充《论衡·道虚篇》也称:"物生也,色青,其熟也,色黄。"正所谓"青黄不接",青就成了万物生长之初的色彩。"春天"于是早在先秦就被称为"青阳"了。皇帝手颁的诏书,也意味着最根本和最原初的存在,诏书用青囊包裹,正是借用了这个意思。即便是到了后来,纸张作为新的书写材料取代了简牍,凡皇帝亲笔诏书,也还是写在青纸上,以象征所

---

① [梁]萧统编:《文选·任昉〈天监三年策秀才文〉》,李周翰注。

有权力必自皇帝出，朝纲独断的皇权才有了权威和神圣。

作为"执王法"的官员，则被称为"青天"，实则象征着代天子巡守四方，保一方安宁。作为最基层的地方官，尤应如此。因此，青色大多作为同百姓经常接触的低阶官吏的服色所用，以七到九品官员居多。例如北魏时曾定制五等公服，从高到低依次为朱、紫、绯、绿、青。唐太宗时则规定六至七品官员着绿，八至九品穿青。这就是白居易在《琵琶行》中写的"江州司马青衫湿"的由来。因唐代地方长官为刺史，通判官是司马和别驾、长史。前期的司马作为通判官不仅拥有实权，而且有时还可代理刺史。但中唐之后，司马便成为大量贬官的代名词，丧失了实权，被视为低阶，着青色。唐以后的宋元明依然继续用青绿色作为六品以下官员的衣色，清代官袍不论品级，皆为石青色。这就意味着，寻常百姓眼里常见的就是着青色的官员，经常处理第一线审判事务的也常为青色的身影。再加上青色也指代苍天，并象征着皇帝权威，"青天"也就成为百姓对地方官的经常性称谓了。一旦对簿公堂，过堂问案，百姓便将身家财产性命托付给享有"执王法"权的地方官。在百姓眼里，其头顶上只有享有直接管辖权的地方官和远在天边且高高在上的皇帝。他们将代表皇帝的衙门官员称为"青天"，意指官员权力初始来源于独享"青色"的皇帝，期盼官员按照皇帝的意图审案定谳，而不是随心所欲枉法裁判。他们还借用了作为自然化的"青天"象征的公正透明之意，期望地方官代天执王法，秉公审判。也同时借用了作为人格化的"青天"所代表的天罚，期望地方官不要徇私枉法，否则必遭天谴，这就是古人对司法审判最自然的期待。①

"青天"又常与"大老爷"连用。而"老爷"之名，最初起于南宋，到元代才出现在正史中。辅佐官员的师爷有左右司法的机会和权力，民间往往将其称为"小老爷"，真正掌权的官员就被称为"大老爷"了。"爷者父也"，是对地方官的俗称，也是中国传统社会"家国同质""移父于君，移孝于忠"的重要体现。说到底，"青天大老爷"

---

① 以上参考陈鲁南：《织色入史笺》，中华书局2014年版，第77、109、117、126－127页。

联称的叫法应该是在南宋之后才常见的。

（二）衙门装饰：司法的空间构造

打官司往往被小民视为畏途，常言道："衙门八字开，有理无钱莫进来。"试想，被带至公堂的百姓，极有可能是第一次也是生平唯一一次与官府面对面，必定是颤颤巍巍、胆战心惊。他们跪在大堂之上，能够抬头仰视的，除了"大老爷"，就是这幅"海水朝日图"。该图以温暖的色调来改善公堂极其压抑的氛围，意在提示小民，这个公堂是可以为民做主的。另外，青色的海水和天空，虽然构建了极其严肃的氛围，但通过干净清朗、深邃而宁静的海天背景，也提醒着小民，官府可以冷静而公正地处理纷争。不过，打官司的目的，孔子已经讲得很清楚，即"使之无讼"。官府通过官司来教化百姓，告诉他们处理争端的最好办法并不是打官司，而是息讼和解。闹到官府，不仅有伤体面，还耗时耗力耗财。在古人看来，打官司不是为了分清权利义务关系，而是为了恢复被打乱的和谐生活秩序。和谐无讼，才是打官司的终极追求，所以，古代十分重视调解结案。而调解则经常会夹杂着妥协和退让，因此，这幅图还告诉当事人一个再也简单不过的道理：忍一时风平浪静，退一步海阔天空，"海水朝日图"就是"海阔天空图"。

以始建于元代的河南南阳内乡县官衙为例,公堂上除了海水朝日图外,还挂有一块"明镜高悬匾"。"头顶三尺有神明",象征神灵照耀的高悬明镜,最初作为祭祀之用,有驱赶魑魅魍魉的功能,也能照鉴人邪恶良善之内心,是官员明察秋毫的重要道具。公堂门前还挂有一副楹联,写道:"欺人如欺天,毋自欺也;负民即负国,何忍负之。"正对着大堂老爷的是放在公堂庭院的一块"戒石",上刻"尔俸尔禄,民膏民脂,下民易虐,上天难欺"十六字,时刻提醒老爷不能愚弄百姓,否则天理昭彰,善恶明鉴。

整个大堂的装饰布局,从上到下,从里到外,都在强调司法公正。而公正即意味着不欺人,不欺人则在于不自欺。除了有朝廷的律法来规范公正司法外,公堂还通过神灵鬼神以及因果报应这些装饰来进一步强化规范的威慑力。正如高悬镜和戒石铭所传达的那样,"上天难欺";也如楹联所指出的那样,"欺人如欺天"。海水朝日图所表达的"清明之景"也有这样的意思,四种装饰物共同强调了公堂之上勿要"自欺欺人",这便是古人司法场域中常论及的司法公正之要旨。

在大堂之后的三堂门上,也有一幅楹联,写道:"得一官不荣,失一官不辱,勿说一官勿用,地方全靠一官;吃百姓之饭,穿百姓之衣,莫道百姓可欺,自己也是百姓。"一语道出了官与民之间的紧密关系。如果说海水朝日图象征的是对官员"公正清廉"的期许,和对百姓"忍让和谐"的期盼;如果说明镜高悬匾所强调的是对官员"洞察善恶"的期待,和对百姓"诬告陷害"的警告;甚至连戒石铭也都是在强调官与民相互依赖的话,那么,衙门里的所有装饰物都有着双向的意指,既针对官也针对民。而且还外加上了天罚果报的超自然力量来限制。因为,衙门归根到底还是调处人际关系之地,既包括官民关系,也包括民民关系。虽然表面上,官民之间在处理人际事务时的要求有所差别,比如官对民时,应公正廉明,而民对民时,要忍让和谐。但深层次上,不自欺欺人才是官民都要谨守的最终且最高的准则。朝堂之上所挂着"正大光明"匾,既是对天地日月所说,也是对君臣草莽所说。从朝堂到县衙,其逻辑是一样的。小小的县衙正是朝堂的体现,一切都要以朝堂为准。因此,最贴地气的司法公正,还是指那"正大光明"四个字。所有地方县衙内的陈设,都是紧跟这四个字而来。这样来理解的话,"正大光明"或许就是古代司法公正或司法光明的同义词,它的反义词可能就是"自欺欺人"。

二、家长治理与司法庭院主义

(一)"法院"之"院"与司法家长主义

当下审判机构被称作"法院"或"法庭"早已不足为奇,但若追问"院"的来历,直接联想到的便是光绪三十二年(1906年)改大理寺为大理院。"大理"一词历史悠久,其意古谓掌刑曰士,又曰理,突显司法裁决之真谛。只不过自春秋战国始,理取决于力,至秦时,主管刑狱的最高机构因此改成"尉"这一饱含军事色彩的字眼。因属宫廷之官,遂合称为"廷尉",既属"刑起于兵"之明证,也带有司法从属行政之意蕴。汉景帝时在"理"官前加"大"字,取"天官贵人之牢曰大理"之义,作为帝国最高司法机构之名,彰显司法审判之目的与意义。而后审判机构之称谓在"廷尉"和"大理"之间反复。直至北齐改"廷尉"为"大理","大理"一词沿用至清末。

"大理寺"之称亦起于北齐。因北齐的汉化程度较高,故仍旧沿用九卿之设,将少府改为太府,合太常、光禄、卫尉、宗正、太仆、鸿胪、司农,称之为九寺。自古"九卿"同"九寺",《释名》曰:"寺,嗣也,官治事者相嗣续於其内也。"凡府廷所在,皆谓之寺。而正式将"九寺"与官职连用始于北齐,"大理寺"之称谓遂始于此。《周礼·天官》云:"寺人,掌王之内人人及女宫之戒令。"郑《注》曰:"寺之言侍也,取亲近侍御之义。"足见"寺"之名分极高,乃皇帝之左膀右臂。因九卿所管事务皆皇家事务,对蔑视皇权王法的违法犯罪之惩罚当然归于皇帝。又,汉明帝时摄摩腾自西域白马驮经来,初止于鸿胪寺,遂取寺名,创立白马寺,此后浮屠所居皆曰寺,此为寺庙之称谓之来历。

宋代曾使用"审刑院"作为司法审判的最高机构,为史上首先使用"院"作为审判称谓之朝代,宋太宗淳化二年(991年)置,神宗元丰三年(1080年)并归刑部,共存在了90年,期间其权势高于大理寺和刑部。审刑院又称"宫中审刑院",是为加强皇权而设,亦是为皇帝私人行用方便之计,足见审刑院用来处理的是皇帝事务。《康熙字典·增韵》称有垣墙者曰院,故官廨曰院。以"院"作为官衙机构之名在后来陆续出现,如都察院、翰林院、理藩院、太医院,等等。总体而言,清代的官衙名称从内阁到府院、监院、寺院,都是将国家机构视作"皇家庭院"一部分,是"化国为家"的具体写照。从这些机构命名可见,入府到院,由院到寺(侍),最后到阁,辅之于监(如钦天监、国子监),由远及近,不断进入到皇家庭院之核心,成为皇帝之心腹。

另外,在皇家庭院之外,设有以相权统领的"省部",作为外朝之核心名称,以处理国家事务。"省"之本意指天子所居之所,即宫禁。"三省"即原本为皇帝内朝官员,后逐渐形成尾大不掉之势,演变为外朝官员。作为三省具体职能履行的六部,原与"九卿"职权相同,亦为皇帝内朝官职。魏晋以后尚书分曹治事,"曹"渐变为"部",隋唐始确定以六部为尚书省的组成部分。中书和门下省形成于三国之际,目的在于分割和限制尚书省权力。而后,中书门下体制终在唐中期成

为行政大权之核心，这正是中国传统政治内外朝不断循环的历史怪圈。

清末司法改革出现了"部院之争"，即是作为最高司法行政机关的"法部"和最高审判机关的"大理院"的职权之争。"部"在内外朝的不断变换中同帝国皇权不断疏远。但因"大理院"自"大理寺"转变而来，"寺院"之称作为皇家庭院侍卫的象征却从未发生改变。这正说明，作为皇权重要组成部分的生杀予夺之审判权仍然需要牢固地掌握在皇帝手中，皇权与司法的纠葛并未因清末司法改革而发生改变。

以上表明，"寺"和"院"的称谓都是指向皇帝家内的事务。大理寺抑或是大理院，主要职权还是以皇族皇权为核心的，具有极强的家长主义情结，也是化国为家、家国同构的真实反映。在此基础上，对"寺院"的循名责实也就能够十分准确地表达出中国传统司法"家长主义"的鲜明特征，"司法家长主义"具体体现为皇权的司法掌控，显示出显著的"庭院政治"之政法特色。

陕甘宁边区所宣扬的马锡五审判方式，既强化司法为民的意识形态和人民当家做主的共产主义信仰，又拉近了国家和人民之间的距离，将"化国为家"的家国同构体制落到实处，形成一种亲近大众的庭院司法审判作风。在庭院司法的感召下，以家长式的威权和调解为主要工作方式，最大程度地将矛盾纠纷内在化，维护了家庭和邻里的伦理道德，符合中国传统司法以和为贵的思想理念。

（二）"法庭"之"庭"与庭院政法传统

说到"法庭"，最初是作为中共特殊而临时的审判机构，直到1952年3月30日，政务院通过了《关于"三反"运动中成立人民法庭的规定》指出："为了严肃、谨慎和适时地处理'三反'运动中贪污分子的处刑、免刑以及其他应经审判程序处理的案件，凡专区以上机关中、团以上部队中得成立人民法庭，在各该级人民法院和各该级军法机关领导下进行审判工作。各级各单位人民法庭，得按实际需要和具体情况，并经过各该级人民政府或军事领导机关的批准，由一个机关单独设立或数个机关联合设立之。各单位人民法庭一时难以结案者，经各该级人民政府或军事领导机关批准后，移送人民法院或军法机关审理。"人民法庭判处贪污分子刑罚,并不需报经人民法院批准。此后,1952年4月3日政务院亦发布了《关于中央一级各机关"三反"运动中成立人民法庭的通知》。法"庭"相对于法"院"而言更具有针对性,而且直属于行政系列,十分接近古代"寺"或"阁"的"内廷"机构。"庭"又更接近于家庭,以特殊的法"庭"来审理人民大家庭的阶级矛盾,更符合传统家庭纠纷内部解决的目的。而后,法庭成为法院在基层政权的派出机构,作为国家机器灵活而机动地深入到社会底层。

当前,"法庭"工作的具体职责也体现了庭院政法的特色。人民法庭要求将调解贯穿案件审理的全过程,力争做到能调则调、当判则判、调判结合、案结事了。在审判方式上也不拘于固定形式,可以根据需要在案件发生地、当事人所在地或巡回审判点对案件进行巡回审理。如此的法庭职能,颇具家庭内部调解的特点。

以庭院为场域的当代中国政法实践,虽然在一定程度上有干扰司法之嫌,但在某种意义上维护了历经千百年以来形成的中华家庭主义伦理,让司法这一在中国具有高度行政化色彩的传统理性,经受了西方法治洪流的冲击,并不断提升,从"独立"的西方话语中渐渐走出,接受了大众的改造,进入了司法大众化的凡俗世界。即当前的司法将传统"庭院政法"所代表的大众化司法理念发扬光大,让司法从"独立"的西方神圣世界进入到中国世俗世界,是一个让西方意义上的司法不断"祛魅"的过程,更让司法体现出浓厚的中国特色,更好地同中共的群众路线结合在一起。这正是当前中国司法兼顾司法专业化和司法大众化的原因所在,也是未来中国司法难以走出的历史背景。

三、司法的政治平衡:会审官员结构与知识交互

(一)九卿的构成与知识分享

明清之际的重大案件,往往是由中央九个部门的官员集议审理,又称九卿会审或九卿议刑。掌管美国最高审判权的联邦最高法院,自1869年后也恰好是由九名大法官组成。大法官均由总统任命产生,明

清的九卿虽由吏部任命,但也是皇帝点头,在这一点上两国颇为类似。九卿分别出自中央六部(礼、吏、户、兵、刑、工)和都察院、大理寺两个专业法司,外加通政使司。但与美国的九人审判不同,九卿的判决须报皇帝批准才能生效。不过在当今的美国,左右九位大法官审判的始终是他们所秉持的意识形态,决定着最高法院未来的,还是总统大选的结果。总统通过挑选大法官将自己的影响力延伸到了最高审判。① 这同明清时代的中国并无二致。

九卿之中,只有刑部尚书、大理寺卿和都察院都御史是专职司法官,其余皆是行政官员。这与美国专业法官团队不同,如果按照九位大法官以简单多数票的方法来裁决的话,明清中央司法必然被掌控在行政官员之手。不过,审判还得由司法官员主导,否则有违"名不正则言不顺"的儒家训条。美国的九人有保守派和自由派之争,党派利益博弈决定着最高法院的判决立场。九卿的布局也容纳了司法、行政和监察等不同的高级官员,行政官员的参与起着平衡各种利益的作用。另外,司法与行政官员在会审过程中所产生的知识共享②,正预示着传

---

① [美]杰弗里·图宾:《九人:美国最高法院风云》,何帆译,三联书店2010年版,第299－300页。
② 谢冬慧:《中国古代会审制度考析》,载《政法论坛》2010年第4期。

统中国司法绝对是关乎行政的事务。监察官员在场督办的习惯,才使得晚清依照西方体制将都察院改编成检察厅显得顺理成章。从《周礼》的原初记载来看,设置多人会审,"疏为断案时,恐专有滥,故众狱官共听之"。九卿相互制衡,与美国党派之争有着类似的效果。

(二)会审的源流与政治意义

九卿会审起源于西周的"三刺之法"。《周礼·秋官·小司寇》载:"以三刺断庶民狱讼之中。一曰讯群臣,二曰讯群吏,三曰讯万民,听民之所刺宥,以施上服下服之刑。"其大意是说为了达到公平执中的司法裁决,凡重大疑难案件需要经过三个步骤来完成审判:一是讯问群臣,二是讯问群吏,三是讯问民众。具体而言,通过讯问肱骨之臣,以寻找案件的共同价值取向;通过讯问群吏,以掌握案件的法律操作技术;通过讯问万民(主要是贵族①),以试探民众对于案件的基本认知和期待。也即,对待重大疑难案件,通过召集既得利益群体来共同决断,旨在消弭对君王生杀予夺大权的根本性抵制。虽然美国九人大法官并非经选举产生,无须迎合民意。但 1992 年至 2005 年间,美国最高法院仍将能否最大限度反映公众意愿作为衡量判决的标准。②这与九卿会审在一定程度上要考虑"万民"的意见也有类似。

西汉以来,也形成了由中央最高法官廷尉会同丞相、御史中丞、司隶校尉等会审重大案件的制度,称之为"杂治"。杂治一是意味着审判机构之"杂",二是意味着这一过程,是将侦查、取证、起诉和审判甚至是执行等多个步骤"杂糅"在一起。多过程需要多部门协同配合,这就是将行政机构也作为审判主体的直接目的。

唐代除了由刑部、大理寺和御史台组成的"三法司"会审团队,还特别针对流刑以上重大案件,规定"由中书、门下四品以上及尚书、九卿议之",颇有西周"讯群臣"的意味。宋代甚至在某种程度上恢复了西周的三刺之法,形成了对疑难案件由朝臣集议而判的"朝臣杂议"

---

① 巩富文:《中国古代法官会审制度》,载《史学月刊》1992 年第 6 期。
② [美]杰弗里·图宾:《九人:美国最高法院风云》,何帆译,三联书店 2010 年版,第 2—3 页。

制。也即在唐宋经由司法审判依然不能坐实的重大案件，试图通过"杂议"这种西汉的传统方式来会审以服众。

明清将"杂治"进一步优化为"圆审"。即凡重大案件，"因有审异"（囚徒多次翻供不服的），则具奏皇帝，皇帝乃"命九卿鞫之，谓之圆审"。"圆审"之"圆"，颇有"圆桌会议"的味道。九个正三品官员皆有平等发言、各抒己见的权力。"圆"也代表着"圆满""周圆"，意味着经过本次审理，基本走完了所有的司法程序，更意味着此次审判是为了照顾方方面面的利益和情绪，做到尽可能的"团圆/团结"所有利益相关者，为皇帝的最终拍板提供支持。另外，九部门中的通政使司值得注意。其始设于明代，长官为通政使，为正三品官员。清代沿置，掌内外章奏和臣民密封申诉之件，类似于秘书机构。郑观应在《盛世危言·汰冗》中讲："其京官则太常、光禄、鸿胪可统於礼部，大理可并於刑部，太仆可并於兵部，通政可并於察院，其余额外冗官皆可裁汰。"由此可见，通政司与都察院的职能相同，康有为等在《上皇帝第二书》中也认为："通政准百僚奏事，以开言路。"因此，作为言官的通政司起着沟通内外的作用，其充分保证了信息对称的效果，正是"三刺之法"的重要媒介。因此，不妨认为"九卿会审"与"三刺之法"是一脉相承。而且，三和九在中国传统文化中具有重大的象征意义。"三"代表着天地人"三才"，是天人合一的象征。"王"字即由"三"加"丨"组成。董仲舒曾认为："古之造文者，三画而连其中谓之王。三者，天地人也。而参通之者，王也。……王者制官，三公九卿、二十七大夫、八十一元士，凡百二十人，而列臣备矣。""三"是源头，孕育了"九"。"九"乃是最大的天数，《黄帝内经·素问》曰："天地之至数，始于一，终于九焉。"① 于是，天道运行往往要用"九"来象征，比如"九天"。"九"也就成了帝王的象征，例如"九五之尊"。无不巧合的是，古希腊也将"九"视为代表"正义"的数字。以九人来组织帝国中央司法，呼应了至极的皇权，更充分彰显了"九五之尊"手持生杀予夺大权的威力。

---

① 何柏生：《神秘数字的法文化蕴含》，载《政法论坛》2005 年第 4 期。

对皇帝而言，司法的基本功能在于操控生杀予夺大权，而不是维护公正权利。会审人员和程序的选择，全凭皇帝对司法人员的信任与否。当皇权感受到来自司法机构的威胁和要挟时，会直接绕过司法体系安排诸如厂卫之类的亲信机构参与司法。同意让行政监察机构参与会审也是这个目的，帝王坐观鹬蚌相争，利用九人相互牵制，牢牢掌控至高无上的生杀予夺之权。九人会审的安排，也是为了服务皇帝而已。

四、司法的政治转化：缇萦救父背后的法政较量

（一）故事文本与故事主角

公元前167年，中国史上著名的汉文帝废肉刑的刑制改革登场。一般被认为这场改革是因一件不大不小的刑案而起，看似偶然，但疑点颇多。我们需要不断追问：改革真有如此简单？该案后来被称为"缇萦救父"，该故事被记载在《史记·扁鹊仓公列传》等相关文献中。刑案的当事人是缇萦之父亲，名叫仓公。缇萦是一个15岁的女孩。人们很容易被小小年纪的缇萦的孝行感动，而忽略了她的父亲仓公和裁判者文帝，但也许，正是人们忽略的仓公和文帝才共同推动了这次影响深远的刑罚改革，而不是缇萦。

仓公，又称太仓公，姓淳于名意，因做过齐国的太仓令，故名"仓公"。太仓令在汉代实在是一个小吏，但仓公又与众不同，竟颇通医术，能与扁鹊齐名，无怪乎司马迁要把他和扁鹊并列作传。《史记》共记载了仓公25例临床案例，治愈15例，不治10例，涵盖内外妇儿等当代医学的主干科，还有消化、泌尿、呼吸、心血管等常见的专科，是中国现存最早的病史记录。因仓公医术精湛，无所不通，登门求医的人踏破门槛，但是仓公的医疗资源极其紧张，有求医问诊者开始诋毁仓公不为人治病。加之当时的诸侯赵王、胶西王、济南王因慕仓公大名，请仓公为其治病竟未得，遂心生不满。仓公得罪了权贵，而被诬陷，当判肉刑。按照当时法律，肉刑要赴首都长安领受。这为仓公之女上奏文帝提供了法律程序上的可能。仓公当时生有五女，在进京领罪之前，他感伤无男随行，感叹生女无用，岂知被小女儿缇萦听见，

坚持随父进京,并上书朝廷,愿意为奴以换取父亲的自由。终于,文帝面见了仓公父女,并且仓公在对诏回答时讲述了自己学医、行医的经过等事迹。这些都成为文帝考虑赦免仓公的理由,再加上缇萦恳切的上书,仓公重获自由。

(二)叙述策略与故事结局

缇萦上书的内容是这样的:"妾父为吏,齐中称其廉平,今坐法当刑。妾切痛死者不可复生而刑者不可复续,虽欲改过自新,其道莫由,终不可得。妾愿入身为官婢,以赎父刑罪,使得改行自新也。"在这一陈述中,缇萦丝毫没有提及其父是受人诬陷所致,完全没有走伸冤的叙述模式,这与常理常情完全相悖。

缇萦没有采用常用的伸冤模式,很可能说明,小小的缇萦竟然如此之精明,她明白救父所面临的对手正是连文帝也惧怕三分的地方诸侯王。即便是按照伸冤的路数,也会功亏一篑。因为在文帝之后不久的景帝前元三年(前154年)"七王之乱"就爆发了,这足以证明当时作为缇萦和文帝对手的地方诸侯王是如何强大。因此,伸冤的策略不仅非为上策,更可能引来杀身之祸。反倒还不如直接认罪,采取胜算较大的孝道陈情。因为文帝素以孝治天下而闻名,以此来作为请求宽宥的理由,奏效的可能性更大。

缇萦的整个叙述顺序从廉（父）、慈（君）、孝（己）展开，充分论证了肉刑即便是有效，也难以令彻底改过自新者恢复原貌，隐含的意思就是要废除肉刑。文帝看到了这样的上书，难免不"悲其意，此岁中亦除肉刑法"。《汉书·刑法志》在记载文帝废除肉刑的理由时，从帝王的慈悲为怀，悲天悯人出发，来论证君父的"不忍人之心"："今法有肉刑三，而奸不止，其咎安在？今人有过，教未施而刑已加焉，或欲改行为善而道亡繇至，朕甚怜之。夫刑至断肢体、刻肌肤，终身不息，何其痛而不德也！岂称为民父母之意哉？其除肉刑，有以易之。"实际上，文帝和缇萦的言说路数一致。缇萦也是先忠后孝，在承认帝国法律的前提下，先述说其父是廉吏，加上医术高明，乃国之栋梁，接着才充分展现女儿对父亲的孝道，最后移孝于忠，希望以身替父。在缇萦的论说中，忠孝是两全的，这十分符合文帝以孝治国的君父之愿。文帝也从孝出发，以恻隐之心反思失教失德本心，最后回应国家刑罚改革，从家到国，家国同构，实际上也是移孝于忠的政治信条。

（三）合理怀疑与漂亮转化

反观缇萦的上书和文帝的答复，我们在惊叹缇萦睿智的同时，也心生疑虑。如果没有高人指点缇萦，那么只能说仓公循循善诱的家庭教育太高明了，竟然教出了这样的女儿，然而仓公为何又有生女无用之叹呢？如果没有仓公的名气和人脉关系，缇萦的上书怎么可能完成得如此巧妙？在男性主导的社会，女子无才便是德，15岁的缇萦很难做出符合文帝心意的陈情书，何况寥寥数语，但言简意赅，效果惊人。

再说当事人仓公，其从事临床医学，对病人的痛楚感同身受，当然比一般人更能体会到肉刑的痛苦。正是这样，他才会在进京受刑之前感叹生女无用，才会采用激将法提醒包括缇萦在内的女儿们，以及动用自己的政治人脉，做最后的垂死挣扎。总之，我们很难消除对缇萦陈情和其父仓公的合理怀疑。

进一步推测，缇萦和仓公的打官司策略正合文帝之意，或许也是文帝的智囊团为缇萦谋划的结果。仓公受刑以及缇萦救父的司法事件，在文帝眼里则变成了一个十分棘手的政治事件。对央地关系颇为担忧和敏感的文帝面对这一事件，只能够十分谨慎，小心翼翼，唯有想一个万全之策，才能暂时平息这个来自地方诸侯王挑起的棘手案件。文帝正是借此机会废除了肉刑，足见他在应对地方郡王势力时，十分讲究分寸和策略。缇萦救父的故事在文帝看来本身就隐含着一个巨大阴谋。地方三王做局意在诬陷仓公，作为中央一方势力的文帝显然直接跳过了司法的"诬告反坐"，不接地方借力司法挑衅中央王权的损招儿，而是通过废除肉刑这一立法举措，获得更多的民间支持，建立属于平民皇帝文帝自己的政治资本。这比利用司法审判去发现所谓的诬陷真相，以"诬告反坐"治罪地方三王更加高明。况且案发地在地方，地方三王订立的攻守同盟，自然会以3:1的优势证据完全胜过文帝，一口咬定没有诬陷仓公，文帝到时即便想查清事实，也非易事，在司法的反击上肯定是处于下风，极易变成"欲加之罪"，给地方借机反抗中央以口实，确实为不明智之举。因此，文帝直接跳过司法伸冤的路数，将此棘手之难题顺势转化为立法上的革新，化被动为主动，不仅改革了本来就难以推动的肉刑之制，而且还成功地进行了皇权的政治营销，不愧为最优选择。因此，缇萦救父本身或许就是地方借机试探或挑战中央王权而布的局，文帝及其智囊团队顺势而为，反戈而击，善于转化，才是大智慧。

  以上的大智慧不论是仓公方面的主意，还是文帝与仓公共谋的结果，无疑证明了仓公一案所涉及的当事人和审判者之间，业已形成了一种十分棘手的法政关系。该案背后的法律是非已经不再重要，法政紧紧勾连在一起，成为政治角逐的一环。并且，司法结果也不再重要，用什么样的智慧化解司法纠纷背后的社会矛盾，重整社会秩序才是此案考虑的重中之重。最后，是在缇萦之父的盛名和强大的政治营销支持下，文帝的肉刑改革才得以顺利进行。因此，毋宁说需要类似仓公这类知名人物，通过关键性的事件，加上像缇萦这样的关键线人，以及贴合当权者的心思和利益追求，方可共同作用于既有制度的革新。或许，这一过程是仓公和文帝共谋的结果，也或许是仓公及其团队借助缇萦而共谋的结果。总之，在仓公的人脉关系和文帝营销团队的共同策划下，成功阻击了来自地方郡王的挑衅，巩固了文帝的中央地位。

五、司改政治图景：朱元璋的蓝图与绑缚进京

（一）以大诰发动的司改急就章

明代司法最突出的特点莫过于厂卫介入，这自是从体制内入手以司法之名撬动绳顽的杠杆。而早在朱元璋时代即开创的赋予"高年有德耆民及年壮豪杰者"可直接将污吏贪官"绑缚赴京治罪"之权，则是从体制外入手，希图发挥自下而上地进行司法整肃的效果。此特权首先是在法外之法的《大诰》中确定的，并规定若各级官吏敢有阻拦者，全家族诛。

《大诰》仿《周书·大诰》之篇名，"陈大道以诰天下"，以"当世事"警诫臣民，永以为训。"诰"本意为讲道理，一般采用形象贴切的比喻，生动说理，文字质朴。《大诰》虽继承了这一特点，以案例和俗语讲述的形式编写，但究以严惩为主旨，血腥味十足。洪武十八年（1385年）十月至洪武二十年（1387年）十二月相继颁发了《御制大诰》（74条）、《御制大诰续编》（87条）、《御制大诰三编》（43条，以下分别称《初编》《续编》和《三编》）。这204条诰文中，整饬吏治的就达到123条，占60%之多。以司法手段启动对整个官场的清洗整合行动，是将司法改革作为行政改革的先锋，最终形成一整套严密的社会监控网络。

（二）绑缚赴京策的沿革和发展

《初编》第59条乡民除患首先规定了绑缚赴京的特权："今后布政司府州县在役之吏、在闲之吏，城市乡村老奸巨猾顽民，专一起灭词讼，教唆陷人，通同官吏害及州里之间者，许城市乡村贤良方正豪杰之士有能为民除患者，会议城市乡村，将老奸巨猾及在役之吏、在闲之吏，绑缚赴京，罪除民患，以安良民。"这一规定已将适用范围扩大到城乡，但对象仅限于灭词讼和教唆诬陷之徒。《续编》则更进一步，惩治对象涵盖一切扰民之徒，但权力主体反倒缩小，仅赋予高年有德

的耆民，不再是贤良方正豪杰之士的笼统规定，便于主体明确。

《续编》惩治对象的扩大主要是为了应对官吏下乡扰民屡禁不止的问题。第18条云："朕尝禁止官吏皂隶，不许下乡扰民，其禁已有年矣，有等贪婪之徒，往往不畏死罪，违旨下乡，动扰于民。今后敢有如此，许民间高年有德耆民，率精壮拿赴京来。"洪武十九年（1386年）六月，朱元璋在《优恤高年并穷民诏》中再次重申了《初编》第59条之规定，专门提到对刑名词讼中滥权的官吏"许群民或百十擒拏赴京"。① 《三编》将此类人等统称为"害民该吏"，仅强调治吏而非官："朕设府州县官，从古至今，本为牧民，曩者所任之官，皆是不才无籍之徒，一到任后，即与吏员皂隶不才耆宿及一切顽恶泼皮，贪缘作弊，害吾良民多矣。""曩者所任之官"实际上针对的是有元代官场习气残余的官员，清洗整顿元明交替之际官场风气之意不言而喻。此条专门针对胥吏，也是清除元代统治之弊使然。他强调："胡元入主中国……人事不通，文墨不鲜，凡诸事务，以吏为源。……比前历代贤臣视吏卒如奴仆，待首领官若参谋，远矣哉！朕今所任之人，不才者众，往往蹈袭胡元之弊，临政之时，袖手高坐，谋由吏出，并不周知，纵是文章之士，不异胡人。"② 因此，"若靠有司辩民曲直，十九年来，未见其人"。这些评价构成了朱元璋制定绑缚赴京策的理论和现实依据。不过，将不才无籍的官员归罪于胥吏，也算是给官员留了面子，否则皇权便失去了依靠。这一点朱元璋是明白的。面对如此庞大的吏员皂隶队伍，只能依赖于"尔高年有德耆民，及年长豪杰者，助朕安尔良民"。"今后所在有司官吏，若将刑名，以是为非，以非为是，被冤枉者，告及四邻，旁入公门，将刑房该吏拿赴京来；若私下和买诸物，不还价钱，将吏房该吏拿来。若赋役不均，差贫卖富，将户房该吏拿来；若举保人材，扰害于民，将吏房该吏拿来；若勾捕逃军力士，卖放正身，拿解同姓名者，邻里众证明白，助被害之家，将兵房该吏拿来；告造作科敛，若起解轮班人匠卖放，将工房该吏拿来。……其

---

① 刘海年、杨一凡：《中国珍稀法律典籍集成》乙编第三册，科学出版社1994年版，第64页。
② 《御制大诰：胡元制治第三》。

正官首领官及一切人等,敢有阻挡者,其家族诛。""该吏"是特指个案中的冤屈者,可以直接告及四邻,求年长耆民豪杰者相助。"旁入公门",意味着可以从官府小门进入,突然袭击,颇有暴动的弦外之音。《三编》的这一群众便宜之权,在洪武二十二年(1389 年)颁布的《大明律·户律·户役》之"赋役不均"条被有限地继承下来:"凡有司科征税粮,及杂泛差役……挪移作弊者,许被害贫民,赴拘该上司,自下而上陈告。"①仅限于赋役之事,也只是绑缚,并未赋予直接赴京直诉之权,虽然对象涵盖了官和吏。洪武二十六年(1893 年)以后,《大诰》的相关条目不断被载入新颁的条例之中,②但基本都不允许超越法定程序。

绑缚赴京毕竟针对特殊事项如教唆词讼、违旨下乡等事宜,而稍轻一点的赴京面奏也在《初编》中作为官员考核的基本标准,其第 36 条"民陈有司贤否"规定:"自布政司至于府州县官吏,若非朝廷号令,私下巧立名色,害民取财,许境内耆宿人等,遍处乡村市井联名赴京状奏,备陈有司不才,明指实迹,以凭议罪,更贤育民。"甚至对那些遭同僚排挤或诬陷的官员,也允许耆老赴京保奏:"若被不才官吏、同寮人等捏词排陷,一时不能明其公心,远在数千里,情不能上

---

① 《大明律》卷四《户律·户役》"赋役不均"条。
② 叶英萍:《民拿害民官吏析》,载《政法论坛》2013 年第 2 期。

达,许本处城市乡村耆宿赴京面奏,以凭保全。"为保证真情上达,规定了多数决原则,即不可"三五人、十余人奏",必须"或百人,或五六十人,或三五百人,或千余人,岁终议赴京师面奏"。① 如此声势浩大,朝廷竟不担心引起民变。

(三)绑缚赴京策的利用与被利用

《三编》发布时,恶意利用绑缚赴京已十分普遍。《三编》第1条即规定了"臣民倚法为奸",列举各种钻营制度空子的典型案例,共计18个。以江浙地区为多,包括苏州、松江、嘉定、归安、乌程、崇德等地,尤其是首都周边的江浦、溧水,远一点的也只到陕西的甘泉、重庆的开州等地,基本上都集中在近畿地区。又据《明实录》记载的百姓诣阙情况看,两广、云贵、福建无之,证明诣阙对离京师遥远之民来说,可望而不可即。② 从三编中绑缚赴京落实不周的典型案例,就可以看到一个"好心办坏事"的帝王形象。

"嘉定县民蒲辛四……时常骗要里民周祥二钱物。大诰颁行,蒲辛四畏惧告发,父子三人将周祥二帮缚家内,用油浸纸燃插于周祥二左足大指二指两间,逼令招为害民弓兵。蒲辛四充耆宿,一男充里长,孙充甲首,皆为乡里之害。及至将周祥二帮缚赴京,通政司验问,足有火烧疮肿。蒲辛四语言妄对,拿下问出前情,枭令示众,籍没其家。"蒲辛四竟冒充耆老,逼良为害民之吏,妄图掩盖罪行。通政司仅核验伤口就识破了诡计。再看同是嘉定县民的"沈显二,诈称鱼湖头目,与邻人周官二将积年害民里长顾匡帮缚赴京。行至苏州阊门,耆宿曹贵五劝和,沈显二接受钞一十五贯,绸一匹,银钗银镯等物,就行脱放。顾匡畏惧再后事发,亲自赴京出首"。顾匡的这一举动惊动了所有当事人,先是约定将沈显二绑缚面奏。待至通政司,沈显二神奇脱逃,结果只能再将顾匡绑缚赴通政司告。最终因奏报姓名不符,被通政司不费吹灰之力识破。两则案例均是经通政司之手,而且案情简

---

① 《御制大诰·民陈有司贤否第三十六》;《御制大诰·耆民奏有司善恶第四十五》。
② 唐克军:《不平衡的治理——明代政府运行研究》,武汉出版社2004年版,第167页。

单到完全不需要专业的司法技能，难道因乡民缺少高智商的犯罪头脑？倘若遇到疑难案件，超出了通政司的能力，或被绑缚之吏途中遭遇不测，死无对证，这样的疑案如何处理史无记载，并且也没有规定如何保全证据而防止诬告陷害。以通政司处理绑缚案件，显然并没有把绑缚赴京策作为常规的司法动作，完全是基于严打的快节奏所致。通政司只有在九卿会审时才以司法者的角色出场，并且仅是因其具有皇帝和臣下文书传递的秘书功能而添列九卿之中，并不是专职司法机构。因此，通过绑缚赴京建立起来的群众司法整肃，根子里还是行政思维。

在这两个案件中，耆老即便不被冒充，也可以视情况大小自我裁决，小民百姓，尤其是当事人并没有发言权；并且耆老也并不是始终在场；拿害民之吏的小民也可以被买通，这都是制度的弱点。于是到洪武末年，"小民多越诉京师，及按其事，往往不实，乃严越诉之禁。命老人理一乡词讼，会时胥决之，事重者始白于官，然卒不能止。越诉者日多，乃用重法，戍之边"。① 谎状成习的小民往往利用这一制度妄奏绑缚，如崇德县民李付一等，因徇差多次牌勾，不仅"抗拒不答"，而且还诬逛绑缚承差之人。② 很多无藉民人以"豪户""甲首""帮虎""豪民"等为由擅自绑缚以借机吓诈的情事。

即便是已然在制度设计范围之类，也有人顶风作案，如开州耆宿董思文等，在赴京陈告本州害民同知郭惟一之时，即被"邀截回州，收监在禁"，并且使其"一家四口"监禁而死。③ 还有洪武十九年（1386年），嘉定县民郭玄二等二人手执大诰赴京，首告本县首领弓兵杨凤春等害民，经淳化镇，巡检何添观刁难上京告状民人，并索要钱财，结果被处以刖刑。④ 即便是《续编》和《三编》专设了"阻挡耆民赴京"及以上"臣民倚法为奸"等条也依然无法杜绝此类现象的发生。

朱元璋期待的绑缚赴京制度的效果是"不一年之间，贪官污吏尽

---

① 《明史·刑法二》。
②③ 《御制大诰三编·臣民倚法为奸第一》。
④ 《御制大诰续编·阻挡耆民赴京第六十七》。

化为贤矣"。虽然初编发布后,官方称"自是民之作非者鲜,从化者多"。① 但从继续编写《续编》和《三编》来看,显然并非如此。"恶人以为不然,仍蹈前非""犯若寻常""凶顽之人,不善之心犹未向化"。② 更有甚者还出现民众借机公报私仇,将胥吏豪强绑缚勒索财物。然而鲜有人"越级绑缚"。到洪武十九年(1386年)初,只发现了常熟县农人陈寿六谨遵圣意:"前者《大诰》一出,从吾命者惟常熟县陈寿六。"所以在续编中特将陈寿六浓墨重彩地推介。陈寿六因受县吏顾瑛欺压迫害,与弟弟和外甥三人一并擒拿县吏,携带《大诰》赴京面奏。然陈寿六的做法显然不符合法定程序。既没有年高耆老,也没有豪杰参与,而且也没有邻人作证。此案之所以被树立典型,则是因为其由朱元璋亲审,并未通过通政司。事后,朱元璋"赏钞二十锭,三人衣服各二件",并免其杂役三年,还要求将其事迹榜谕市村。为防止官吏打击报复,特申明敢有罗织生事扰害者族诛,捏词诬陷者族诛。最后竟知照下面官吏,"陈寿六倘有过失,不许擅勾,以状来闻,然后京师差人宣至,朕亲问其由"。即使陈寿六此后违法,也可不受一般审判程序管束,还是由朱元璋亲自审理。正如他所称赞的那样,"陈寿六岂不伟欤!"③ 陈寿六作为标杆榜样,当然被朱元璋大书特书,而且完全超出了《大诰》所赋予的特权范围,足见该制度的随意性。并且如若都像陈那样,皇帝如何应对帝国其他事务?在同一编中也举了一个反例,名之曰"违诰纵恶",说镇江坊甲邻里人等,因违背大诰旨意,不将乡里民患捉拿赴京,坐视不管,被全部"责司搬石砌城",多人因役而死。④ 恩威并施,着实看出朱元璋推广绑缚赴京策之用心,但实际效果差强人意。到洪武二十三年(1390年),连朱元璋也不得不重新反思"明刑弼教"国策中的"弼教"二字:"愚民犯法,如陷饮食,嗜之不知止,设法防之,犯益众。推恕行仁,或能感化。"针对擅自绑缚,希求升赏之行为,朱棣认为"似这等好生不便,有伤治体。……

---

① 《明太祖实录》卷一七九,洪武十九年十二月癸巳条。
② 《御制大诰大诰三篇·逃囚第十六》。
③ 《御制大诰续编·如诰擒恶受赏第十》。
④ 《御制大诰续编·违诰纵恶第六》。

第三章 古典司法的政治逻辑

治以重罪"。① 永乐九年（1411年）虽然保留"如有司分外科征，非理虐害，或豪势之家恃强凌弱，许赴所在官司自下而上陈告，若不准理，许赍《大诰》赴京陈诉"。② 但实际上剥夺了耆老豪杰绑缚官吏的特权，回归正常的司法程序。到朱棣之子仁宗掌朝时，更是彻底放弃了绑缚之策，只许诸人首告，但须经有司拿问解京治罪。③

（四）绑缚赴京策的结果与实质

铁腕治吏的过程正是绑缚赴京制度问世和发展的过程。自洪武十三年（1380年）治胡党，洪武十五年（1382年）空印案发，洪武十八年（1385年）惩治郭桓案，到洪武十九年（1386年）扩大为对积年为民害的官吏进行大规模的严打，杀戮近10万人，以彻底整肃官场"不才无籍之徒"和"玩恶泼皮"。不过整治归整治，基层万般行政事务也不能靠群众自理，皇帝亲力亲为更是不可能，因此，需要"三班六房"的胥吏和衙役承担基层大量千头万绪的行政事务。吏员无法定俸禄，为非作歹自是当然，明初仅"松江一府坊厢中，不务生理交结官府者一千三百五十名，苏州坊厢一千五百二十一名。此等之徒，帮闲在官，自名曰小牢子、野牢子、直司、主文、小官、帮虎，其名凡六。不问农民急务之时，生事下乡，搅扰农业。……上假官府之威，下虐吾在野之民"；④ 因此"起取天下积年民害"运动为中心的洪武十九年（1386年）整治，正是以续编为最高指示开展的，仅松江府就革除小牢子、野牢子等900余名，削减幅度高达四分之三。⑤ 如果以近畿松江为例，借此整顿的全国吏员至少有一半。这些本该由吏员承担的行政事务不会因为吏员的缩减而减少，全部将落在基层地方官头上。然官员数量不足，到清末，正式官员的数量也不到2万。⑥ 加上明代俸禄极

---

① 杨一凡、田涛：《中国珍稀法律典籍续编》，《明代法律文献》上《洪武永乐榜文》，黑龙江人民出版社2002年版，第519页。
② 《明太宗实录》卷一一二，永乐九年春正月甲子条。
③ 刘海年、杨一凡：《中国珍稀法律典籍集成》乙编第三册，科学出版社1994年版，第175页。
④ 《大诰续编·罪除滥设第七十四》。
⑤ 吴晗：《朱元璋传》，百花文艺出版社2000年版，第200页。
⑥ ［美］费正清：《美国与中国》，世界知识出版社2002年版，第38页。

低,"自古官俸之薄,未有如此者",① 导致官员积极性奇低。袁宏道在万历二十三年(1595年)苏州吴县知县任上无不感叹道:"弟作令,备极丑态,不可名状。大约遇上官则奴,候过客则妓,治钱谷则仓老人,谕百姓则保山婆。一日之间,百暖百寒,乍阴乍阳,人间恶趣,令一身尝尽矣。苦哉!毒哉!"② 况且,仅仅靠惩罚性制度创新来解决官场吏治的弊端,效果十分有限。清人沈家本曾评论绑缚赴京制度:"不究其习之所由成而徒用其威,必终于威竭而不振也。……观于《大诰》,而用威之不足言治也可知矣。"③ 时人海瑞也曾感叹,凭一己之力"日与群小较量是非"倍感"窝蜂难犯",④ 这实际上侧面回答了朱元璋自己的疑问:"朕欲除贪赃官吏,奈何朝杀暮犯!"⑤ 明代没有杀灭胥吏的威风,到了清代却愈演愈烈。自清代中期以后,即便规定了员额制,但胥吏"乃或贴写或挂名,大邑每至二三千人,次者六七百人,至少亦不下三四百人"。⑥ 如果按照当时1700个县来算,吏员数目之大难以想象,故又有"州县与胥吏共天下"之说,⑦ 以致出现"任尔官清似水,怎敌吏胥如油"⑧ 的现象。无怪乎到了明清更替之际,顾炎武感叹道"今夺百官之权而一切归之吏胥,是所谓百官者虚名,而柄国者吏胥而已"。⑨ 官弱吏强,本质上还是与官员以及官场习气有关。⑩ "治吏贵严,而治之本,仍在官而不在吏。大臣果能正己而率属,书役必知所惮而不敢为奸;州县果能励政而勤民,书役更无所乘而不能玩法。肃吏治而安民生,制治之原,尤在于此。"⑪ 朱元璋的绑缚进

---

① 赵翼:《廿二史札记》卷三十二《明官俸最薄》。
② 《袁宏道集笺校》卷五。
③ 沈家本:《寄簃文存》卷八《书名大诰后》,载沈家本:《历代刑法考》第4册,中华书局1985年版,第2281、2283页。
④ 《启阁部李石麓诸公》。
⑤ 刘辰:《国初事迹》卷一。
⑥ 《皇朝政典类纂》卷三十六。
⑦ 郑秦:《清代县制研究》,载《清史研究》1996年第4期。
⑧ 《清史稿》卷一百二十《食货志一》。
⑨ 顾炎武《日知录集释·卷八·吏胥》。
⑩ 王雪华:《清代官弱吏强论》,载《武汉大学学报(人文科学版)》2008年第3期。
⑪ 《皇朝经世文续编》卷二十八《请严定惩创书役扰害章程疏》。

京策略实际上并未抓住吏治之根本，仍不能解决"官冗于上，吏肆于下"①的官场弊政。

明代对越诉严格禁止，登闻鼓等形式的直诉也是被严格控制的。即便是直诉也并非由皇帝亲审。"非大冤及机密重情不得击登闻鼓，击即引奏，由校尉领驾帖，送所司问理，蒙蔽阻遏者罪。"②绑缚赴京由通政司亲理，甚至由皇帝亲审是完全的法外之法。在赴京的途中，仅凭一纸《大诰》，便可畅通无阻，这完全是对明代路引制度的公然破坏。因为"凡无文引私度关津者杖八十"。这些对既有制度的公然违背，在政通人和、民风淳朴之期或可视为非常之法，推行无碍。但到社会动乱时期，则无疑是有碍帝国稳定之举。当然，就绑缚赴京本身而言，其并非单一存在的，该制度完全是建立在以里甲制为中心，并配合老人制和粮长制等基层社会治理体系上的一环。三编正是以完善或扩大这一基层控制体系的制度规范。如逐渐扩大了粮长、耆宿的职责功能，而且还严惩舞弊危害行为。③

六、司改政治交锋：董仲舒的韬晦与春秋决狱

（一）儒生的崛起与到地方历练的影响

董仲舒（前179—前104），西汉大儒，凭借春秋决狱而在中国司法史上留名。春秋决狱又称引经决狱，核心在于强调论心定罪，故决狱过程"时有出于律之外者"。在他被汉武帝赏识之前，因其信奉天人感应之理，于建元六年（前135年）上奏，严明皇陵祖庙两次失火之因乃灾异所致，遭武帝罢废为中大夫，遂以教授《公羊春秋》为业。不过，时隔一年的元光元年（前134年），武帝下诏征求治国方略，儒生董仲舒仍以天人感应对答，一举成名，并借此机会系统地阐释了"大一统"学说，极合武帝打造中央集权统治之意。

一战成名之后，时年45岁的董仲舒并未得到在中央任职的机会，

---

① 《元史》卷八十五《百官一》。
② 《明史·刑法二》。
③ 刘涛：《明〈大诰〉与明代社会管理》，山东大学2014年博士学位论文，第271页。

而是曾两度被派往地方王国任职。第一次是在出名后不久即前往曾经尚武的"七王之乱"之首吴王刘濞之地,担任粗暴蛮横的武夫江都易王刘非的国相。刘非乃武帝兄长,亦有谋反图霸之心,对声名大噪的董仲舒相当礼遇,将其比作曾辅佐齐桓公称霸的管仲。然董仲舒以"春秋大一统"的政治主张将其驯服,打消了其造反的图谋。董仲舒在江都为相六年,以儒家公羊学为指导,采阴阳五行,祈雨止涝。第二次是在元朔四年(前125年)被荐任为同样是武帝兄长的胶西王刘端的国相。刘端比刘非有过之而无不及。在短暂的四年后,董仲舒以有疾为由辞官。

在武帝削藩之后,委任地方或被视为渐离政治中心而遭疏远的预兆,更何况是远离长安的江都和胶西。不过,刘非和刘端乃武夫出身,将大儒派往地方,也是武帝刻意安抚削藩后的地方王国之民心,企图彻底改善地方不时溢出的强调霸道的法家意识流。将董仲舒置放到颇为粗鄙和彪悍的地方王侯身边历练,意在检验儒家王道思想的功效。并非纸上谈兵的董仲舒没有让武帝失望,在十年江都国相任期内做出了不菲的政绩,而且彻底贯彻了其所主张的天人感应学说和春秋大一统学说。这些都被武帝看在眼里。董仲舒对天人感应学说持之以恒的坚守,使他在地方执政期内借此赢得民心。十五年的官场历练在董仲舒看来不仅实践儒学经义已足矣,也在相当程度上扩大了儒家经义主义的影响力,所以在他尚未到60周岁时,便全身而退。毕竟在武夫专政的诸侯之地任职有动辄得咎的危险,且称病辞官也符合儒臣之惯习。

(二)致仕隐居与儒家司改的以退为进

按照常理,告老还乡是董仲舒作为儒生的当然之选,但他并未就此彻底隐退,也未回到家乡广川郡(今河北衡水),而是迁居到长安的一条陋巷,别有"中隐隐于市,大隐隐于朝"的隐士风骨。须知,汉代的隐士普遍隐于民间,他们多是在自己的故乡或是四处游走,以占卜或传教等方式生活。西汉时还出现了朝隐的现象。而且,董仲舒尤擅长公羊学,在景帝时即为经学博士,开坛讲学,广招门生,其学生后来也与他同样成为诸侯王国的国相和长吏。以讲经传教的方式继续活跃在首都思想圈，维持儒家持续的影响，正是董仲舒深居陋巷的初衷。这样说来，董仲舒从官场退出是有目的的退出，是一种以退为进之策。太初元年（前104年）董仲舒以75岁的高龄病逝，这距离他隐居长安的陋巷已超过十五年，足见他逗留在长安并非以安享晚年为目的。

据《后汉书·应劭传》称："仲舒老病致仕，朝廷每有大狱，数遣廷尉张汤亲至陋巷，问其得失。于是作《春秋决狱》二百三十二事，动以经对，言之详矣。"不过，《春秋决狱》这本书相较于其成名作《春秋繁露》相差太远。《春秋繁露》可以视为阐释西汉中央集权理论的扛鼎之作，而《春秋决狱》充其量只能算作一套简单的案例或司法裁判手册，其失传于后世就不足为奇了。不过，董仲舒动了编写儒家裁判操作手册的念头，应该是当时司法被儒家经义不断入侵的真实写照，司法界急需要一套案例指导用书助其引经裁判。这也或许是张汤在通过数次问计于董仲舒的过程中，传达武帝的圣意所致。因为作为酷吏代表的张汤，不可能由衷地接受儒家的引经决狱，否则司法裁判会失去基本的准则，酷吏所推崇的"以法治国"的法家理论便不攻自破了。这是后世批评春秋决狱的主要原因。张汤亲自陋巷问计，基本都是未决的朝廷大案，在大案上犹豫，求教于儒家之经义，无疑是为儒家思想占领司法制高点创造机会。这无论如何也不是酷吏张汤心甘

情愿所为,很可能出自于武帝的授意。

(三) 君臣对弈与司改交锋的微言大义

武帝为何不微服私访,亲至陋巷问政,做出礼贤下士的表率?这岂不更符合帝王的形象塑造?一则是因为微服私访,礼贤下士都是将儒家思想视为圭臬的君王惯用的伎俩。以法家为意识形态的武帝,不可能因董仲舒的天人感应和其在地方的政绩而迅速转向儒家。虽然他在晚年有这样的意思。因此,张汤作为武帝心腹,成为了沟通法家和儒家的关键人物。张汤和董仲舒的多次对谈,也就成了法家和儒家思想的论辩。故而,董仲舒后作的《春秋决狱》不得不"言之详矣"。二则,"数遣张汤"表明当时的疑难大案在儒家经学逐渐兴盛的背景下,繁多且棘手。随着五经博士的设立和博士弟子的出仕,充斥在武帝官场的儒家知识分子愈来愈多,儒生参政使得仁义和教化成为关乎王朝大政的正统,臣民规谏便获得了充分的正当性。于是,贤良对策、吏民上书都成了经常性的政治活动。董仲舒被武帝发现也是基于这样的契机。因此,武帝才会多次派出法家酷吏首领张汤去接触儒家仁义领袖董仲舒的精髓,而且授意作《春秋决狱》为案例指导或司法裁判手册,试图改变法家酷烈深刻的司法形象。这已经表明,武帝此时意在通过司法试探以酷吏为代表的法家旧势力,和以循吏为代表的儒家新势力双方的容忍限度和协同为治的可能。沈家本曾言,"使武帝时,治狱者皆能若此,酷吏传亦不必作矣。"这无疑是儒法已有隔阂的写照。就此而言,"数遣张汤"可被视为武帝所主持的第一轮儒法协同司改的非正式会谈。此事在《后汉书·应劭传》中寥寥数笔,为的是强调同样是春秋决狱大家的东汉大儒应劭对武帝发动儒生司改的承继,且应劭也同样撰有《春秋断狱》。以《春秋决狱》惯用的"微言大义"之解读方法来重新审视这段故事,可以窥视武帝、张汤和董仲舒三者之间在史书中难以言说的关系,更凸显了在武帝以儒家经义改革司法,进而引经入律的过程中,法儒两家多个回合隐秘但激烈的政治交锋历程。

第四章

古典司法的技艺理性

一、神性组合与司法形象塑造

（一）皋陶与獬豸的司法隐喻

在法学院的课堂上，讲授中国传统法的教师通常会在法制开篇中重点推介一位名"皋陶"的司法官和一只叫"獬豸"的独角兽，来讲述先秦司法的法官形象和神判色彩。皋陶，作为中国史上首位最高司法的掌管者被载入史册。翻看皋陶的履历，也许可以为我们展示另一种尧舜禹时代司法官的选拔标准。在被称为"贤人政治"的皋陶时代，他曾担任东夷族的首领，秦朝开创者始皇帝嬴政也是属于皋陶的血脉，乃皋陶长子伯益之后。到了唐玄宗时代，李隆基将皋陶视为李氏始祖，据《唐书·玄宗本纪》载，天宝二年（743 年）玄宗甚至追封皋陶为"德明皇帝"。

皋陶作为东夷部落的首领，为东夷人计，与尧舜禹等部落联盟，开创了上古史上区域文化交流的先例，形成了独具特色的皋陶文化。而皋陶文化正是儒家文化的前身，可以说皋陶奠定了中国文化传统的底色。纵然皋陶如此能耐，然而农业社会的领袖必定是由善于治水的人来担任。那么皋陶与治水到底有何渊源呢？大禹父子两代为治理水患殚精竭力，功不可没。但在大禹成功治水的过程中，皋陶所创立的刑法起到了强化社会动员的功效。据《史记·殷本纪》载皋陶："令民皆则禹，不如言，刑从之。"

治水和司法对部落国家的生存发展而言同等重要。治水构筑了物质文明建设的基石，而司法为善良与公正的精神文明建设指引了方向。司法成了皋陶的标签，但皋陶首先是作为一个部落的首领和智者的身份而存在的。从此角度看，皋陶的领导理政智慧，使他足以同尧、舜、禹并称为上古四圣。《论衡》载："五帝、三王、皋陶、孔子，人之圣也。"或许当时还有长相决定职位一说，相传皋陶青面鸟嘴——外貌青绿色，嘴唇像鸟喙，乃至诚的象征，能明白决狱，洞察人情，成为司法公正主宰者的不二人选。皋陶历尧舜禹三代，一直在司法的位置上辅助国政。

或许，当我们忽然发现皋陶竟有如此的经历和重大作用时，才能理解上古时期司法者对国家稳定与发展的重要。在皋陶的司法形象背后，隐喻了中国上古时期对司法者的威望和能力的看重。最高司法者所代表的良善公正，与执政者的治国理政能力同等重要。这说明，司法的最早传统既与政治有涉，又同政治并驾齐驱。

即便皋陶如此睿智，但是遇到疑难问题，也要求助一个名叫"獬豸"的独角兽。难道皋陶的智慧竟如此不经考验？如果不是这样的话，獬豸到底隐喻着什么呢？大多学者认为獬豸的形象是蒙昧时代神判法的遗迹。经相关考古发现，秦之前文物中的獬豸都是一角羊的造型，牛形獬豸则出现在东汉之后。《论衡》记载了皋陶用獬豸治狱的传说，獬豸"一角之羊也，性知有罪。皋陶治狱，其罪疑者，令羊触之，有罪则触，无罪则不触。故皋陶敬羊"。汉人杨孚在《异物志》中则认为獬豸"性别曲直。见人斗，触不直者。闻人争，咋不正者"。獬豸因此也被称为神兽而相传至今。皋陶能够将如此神兽驯服，并且随时随意为己所用，也足以证明皋陶的智慧非一般人所能及。

此外，獬豸作为外在的兽类，首先暗示着审判即便是在上古时期，也是一种客观的判断，因为神兽也是一种客观的外在。判决一般案件也好，疑难案件也好，神兽独角触有罪之人，完全预示着司法的客观和中立之意。其次,獬豸是一种神兽,是一种神性的存在,这同当代英美法系法官头戴假发,身披法袍的神性装扮并无二致。因此,作为神兽的獬豸背后隐喻了司法传统的客观中立和神圣权威。也因此,秦代以后利用獬豸的形象作为御史和法官的饰物,称"獬豸冠",以象征公正和神性。最后,皋陶作为公正的裁决者,依赖于客观而神圣的獬豸来认定是非曲直,而后由皋陶再对犯罪判处刑罚,遂有皋陶制刑、皋陶造狱的后续故事。依赖于客观的外在神兽而定罪,然后经由法官皋陶设定刑罚,这不是当前英美判例法中事实审和法律审相互分离的写照吗?或许可以这样认为:神兽是公认的,是具有大众化意识的,这同英美国家将疑难案件诉诸陪审团的做法不是有着同样的效果吗?可能这样的分析会被他人视为一种阿Q心态,但在远古社会最朴素的公正追求中,很难说这种猜测缺乏合理性。倒不如认为,上古时期人与兽的司法组合形象,共同象征着中国早期最古朴的司法原意和最高追求:即司法既要求智慧与能力,也追求神圣和中立,这一追求也正是当代司法价值的世界标准。

(二)皋陶的司法解释正当性

到了大禹时代,基本刑典与舜执政时并没有太大改变,作为立法者的皋陶仅是进一步明确了(或增加了)死刑的罪状。据《左传·昭公十四年》引《夏书》载:"昏、墨、贼,杀。皋陶之刑也。"据春秋后期晋国大夫叔向的解释:"己恶而掠人美为昏,贪以败官为墨,杀人不忌为贼。"昏指"恶而掠美",即行恶而盗取他人美名,墨指"贪以败官",二者均可能与治水不服从指挥、邀功抢功、贪污贡赋等行为相关。因此,皋陶创制的昏、墨、贼三种罪行很可能是在治水之时确立的,尤其是昏和墨。如果这一推断成立,那么这几种新增的罪状很可能是皋陶针对特殊事项(治水)所进行的立法解释。法律解释分为立法解释和司法解释,皋陶同时掌管司法,作为法官的皋陶在审判过程中必然要进行司法解释。由此,作为法官鼻祖的皋陶,也是作为司法解释者鼻祖的皋陶,其职能在于通过释法的过程传达作为执政者阶层的法律意志。

东夷所创立的"明夷"之制,安定了部落内部的秩序,保障了部落繁衍生息。因此,"夷"逐渐被赋予了神圣性,幻化成一个名曰"夷兽"的神兽,即獬豸——"廌",成为东夷部落的图腾。当华夏部落和东夷部落结盟后,作为法官的皋陶正是使用"廌"来裁决疑难案件的。① 东汉王充在《论衡》中认为,獬豸乃"一角之羊也,性知有罪。皋陶治狱,其罪疑者,令羊触之,有罪则触,无罪则不触。故皋陶敬羊"。实际上,皋陶作为裁决者,在证据存疑时,并不擅自主张,以自由心证来决断是非,正是坚持"以事实为依据"的写照。他利用獬豸来决疑,通过其"独角"的神性来"触不直者",也即相当于鉴别证据优劣,这既坚持了东夷部落据证裁决的传统,也避免了因自由心证的任意判断有损皋陶智者和领袖的权威形象,无形中为后世树立了成文法传统"以法律为依据"的既定原则。

此外,依靠獬豸来判断存疑证据,实际上使得獬豸本身也成了法定证据的一部分,或者可以将獬豸"触不直者"视为补强证据。所谓补强证据,即指用以确认或证明另一主要证据事实的真实性,以补充增强其证明力的证据。当诉讼两造一旦提供了不能单独作为认定案件

---

① 武树臣:《寻找最初的独角兽——对"廌"的法文化考察》,载《河北法学》2010年第10期。

事实依据的证据,且无法提供其他证据进一步佐证案件事实时,作为法官的皋陶并没有直接做出对负有举证责任的当事人不利的法律后果,而是依赖于自身的权威,让神兽獬豸出场,进行是非曲直的判断,这或许是职权主义审判模式的最早版本,通过法官皋陶的主动出击来判断事实真假。此时,獬豸和两造存疑证据均构成了断案的证据标准,而且经过獬豸的辨识,补强了已有证据。当下,法定的补强证据规则为限制法官在诉讼中采信证据时滥用自由裁量权进行了严格规范,因此,作为补强证据的獬豸也在一定程度上限制了法官皋陶的自由裁量权,这就进一步树立了立法者"率先垂范"守法的形象,保障了皋陶所立之法"令行禁止"的效果,也维护了皋陶作为立法者的正当性。

换个角度来看,作为"最高人民法院官"的皋陶,利用客观而外在的神性来裁决疑难案件,实质是解决难办案件中如何适用法律的问题。皋陶和獬豸的"审判组合"在决狱时分工明确:事实判断完全委付于獬豸,皋陶只做法律判断,这就意味着皋陶的主要作用是通过司法对法律进行解释。同时,皋陶作为最高人民法院法官在释法决疑,也意味着通过司法来解释法律的权限一开始就是由最高人民法院掌管的,这是中国的司法解释权一直由最高人民法院所保有的最早渊源。因此,皋陶的法官形象,赋予的是他垄断司法解释权的正当性。

二、社神崇拜与司法权威构建

(一)社神崇拜与秩序观照之司法权威

《诗经·商颂》:"洪水芒芒,禹敷下土方。外大国是疆,幅陨既长。"《尚书·吕刑》:"禹平水土,主名山川。"大禹以平水土的方式完成治水功业,因此,治水的过程无不是治土的过程。《论语·宪问》载:"禹稷弓稼,而有天下。"《论语·泰伯》也记载禹"卑宫室而尽力乎沟洫"。这足以说明大禹擅长治沟洫、事农耕,而且采用沟洫作为平治水土的方法被商周时期所沿用。西周之际的井田制正是沟洫的进一步发展。"地当阴阳之中,能吐生万物者,曰土。"① 《山海经》又载:"帝乃命禹卒布土以定九州。"布土,乃演化成治社之意,治土即治社,因此,大禹当然成为社神的不二人选。正如《淮南子·氾论训》所载:"禹劳天下,故死而为社。""社"乃是先民对自然崇拜和英雄祖先禹崇拜的结合。

《尚书》序曰:"汤既胜夏,欲迁其社,不可。作夏社。"② 殷商原是夏的一个诸侯,商汤通过祭夏社,表明自己对夏原有土地继承的正当性,这是社作为新主合法性的证明意义。不仅如此,因商人尊天信鬼,无事不占卜,《礼记·表记》曰:"殷人尊神,率民以事神,先鬼而后礼。"所以,商代的社又被赋予了宗教神秘的意象,如《诗经》所载:"殷社芒芒,天命玄鸟,降而生商。"商人祭社乃系祈于上天,求福免灾为主要目的,"昔者汤克夏而正天禧,天大旱,五年不收,汤乃以身祷于桑林,曰:'余一人有罪,无及万夫。万夫有罪,在余一人。无以一人不敏,使上帝鬼神伤民之命。'"于是"剪其发,枥其手,以身为牺牲,用祈福于上帝。民乃甚说,雨乃大至,则汤达乎鬼神之化,

---

① 《尚书正义·夏书·禹贡》。
② 《史记·殷本纪》卷三。

人事之传也"。① 就连施刑也依赖于超验性的宗教仪式,例如商代曾问天行罚,占卜是否要对某罪犯或一百来罪犯处于刖刑,以及被处刖刑的罪犯是否会死亡:"贞其刖;贞刖百;贞其刖百人死。"② 而这些卜筮均是在社举行的。

周人以"以德配天"论证灭商的合法性,德性取代了神性,社的神秘性开始变淡,被赋予了更多的道德价值,但其依然承载着"敬天法祖"的秩序要求。尤其是在礼崩乐坏之际,"社"从为国家政权的合法性的论证中走出来,开始成为基层的社会治理单位,逐步走向平民化。《礼记·祭法》载:"王为群姓立社,曰大社。王自立社,曰王社。诸侯为百姓立社,曰国社。诸侯自为立社,曰侯社。大夫以下成群立社,曰置社。"如此,"社"便从隶属于王和诸侯祭祀这一中央专属性称谓转变为地方的权力机构,③ 这是以领地边界作为社的划分标准形成的最早的行政区划。于是,社便从神圣性崇拜之地变成了行政性管辖之地。当然,当时除了存在作为行政区划的十种不同之社之外,还有为特别祭祀而置的社,有诫社、军社、马社及人社等社,④ 依然保留了社的部分宗教功能,故《礼记·礼运》曰:"是故夫政必本于天,肴以降命。命降于社之谓肴地。"王之教令本出于社庙,是王"法天地"所得的教令,这恰恰是王令正当性的来源,所以不可能完全抛弃社的这一功能。自此之后,作为行政治理单位的世俗性的社,和作为王权正当性的神圣性的社共同塑造了社会秩序治理的格局,成为社作为司法裁判权威性的基础。

(二) 以凶去凶和盟誓献祭之司法公信

据《周礼·媒氏》载:"凡男女之阴讼,听之于胜国之社。其附于刑者,归之于士。"东汉郑玄认为,"阴讼,争中冓之事以触法者。胜

---

① 《吕氏春秋》。
② 方潇:《天学与法律:天御视域下中国古代法律"则天"之本源路径及其意义探究》,北京大学出版社 2014 年版,第 253 页。
③ 晁福林:《试论春秋时期的社神与社祭》,载《齐鲁学刊》1995 年第 2 期。
④ 凌纯声:《中国古代社之源流》,载《中研院民族学研究所集刊》1964 年第 17 期。

国,亡国也。亡国之社,掩其上而栈其下,使无所通。就之以听阴讼之情,明不当宣露"。"中冓"一般指闺门秽乱。《尚书大传》载:"男女不以义交者,其刑宫。"意思是,处理男女淫乱之事,不再由家长私了,而应交由刑官审判,称为"阴讼"。亡国之社,又叫丧国之社、诫社,意指殷商之社。原来的社没有屋顶,预示天地相通。《礼记·郊特牲》载:"社,祭土而主阴气也,天子大社必受霜露风雨,以达天地之气也。"然而,周人在亡国之社加盖屋顶,使不受阳光照射,从而气运受阻,商人不得上达天听,使周人承继天命。诫社具有"灾祸""恶者""背阳向阴"的象征意义。《春秋公羊传》曰:"六月辛丑,蒲社灾。蒲社者何?亡国之社也。社者,封也,其言灾何?亡国之社盖掩之,掩其上而柴其下。"《白虎通·社稷》则曰:"王者诸侯必有诫社何?示有存亡也。明为善者得之,为恶者失之。"蔡邕注解道:"古者天子亦取亡国之社以分以诸侯,使为社以自儆戒。屋之奄其上,使不通天,柴其下,使不通地,自与天地绝也。面北向阴,示灭亡也。"古人解"讼"为"凶",在《尚书·尧典》记载帝尧向四岳推举继承人之时,直接否决其子丹朱的原因就是:"吁!嚚讼,可乎?"正所谓:"言不忠心为嚚,又好争讼。"《左传·僖公二十四年》又云:"心不则德义之经为顽,口不道忠信之言为嚚。"故在当时看来,争讼被认为是放纵自己的理智,偏离中道,否定并且说服他人接受自己观点的行为。《周易·兑卦》释"兑"为"说",可理解为"讨论"或者"调解",其中"和兑,吉"指和睦而谈预示成功,而"来兑,凶"指被迫而谈预示失败,争讼一贯被视为"来兑",故"阴"和"讼"都是与诫社一样被视为凶兆。于是,周代将社的凶兆作为争讼之凶的化解场所,且审判"秘而不宣",营造敬畏的氛围,使刑官借助社神的力量,处理因纵欲淫荡等事而引起的争吵不和,以凶去凶。

鬼神信仰也是神判法之所以奏效的基础。《墨子·明鬼下》记载了一则经典判例:"昔者齐庄君之臣,有所谓王里国、中里徼者,此二子者,讼三年而狱不断。齐君由谦杀之,恐不辜;犹谦释之,恐失有罪。乃使之人共一羊,盟齐之神社。二子许诺。于是掘穴,到羊而漉其血。读王里国之辞,既已终矣;读中里徼之辞,未半也,羊起而触之,折其脚,挑神之而敲之,殪之盟所。当是时,齐人从者莫不见,远者莫不闻,著在齐之《春秋》。"就此看来,齐庄王审断王里国和中里傲两位臣子的官司也是依靠在社前盟誓献祭,以宣读誓辞时观察宰羊的状态作为胜败的标准。无独有偶的是,三代之际辨别是非真假的神兽獬豸也是一只类似于羊的动物。

是故"圣王其赏也必于祖,其僇也必于社。赏于祖者何也?告分之均也;僇于社者何也?告听之中也"。鬼神之不可欺,唐宋以来,阴司审判一直成为各种传奇小说、故事话本和民间传说的热门选题。法律史大家瞿同祖先生认为,原始宗教的罪恶与世俗的罪恶是对等的,二者任犯其一,都会为神所不喜。① 社作为宗族神灵或者部落邦国崇拜的祭祀之地,充当审判场地,特地营造出一种朴素的"主观"感知威慑和一种据证审判的"客观"时空效果。主观上对祖先鬼神崇拜的信仰,外加利用盟誓这一仪式化的程序所形成的客观外在证据,共同赋予了社的司法公示公信力。只不过,外在的客观证据是通过社的"凶兆"信仰和盟誓献祭来完成的。

(三)证据开示与证据保全之司法效应

通过盟誓献祭所形成的外在证据效力,有一个逐渐演化的过程。东夷人善猎,作为弓和矢所组成的"夷"便成为该部落的代名词,因为正是祖先所创立的"明夷"之制,才安定了部落内部的秩序,保障了部落繁衍生息。在此基础上,"夷"逐渐被赋予了神圣性,幻化成一种已被确权了的神兽,名之曰"夷兽",即被赋予了公平正义的上古神兽獬豸——"廌"。当华夏部落和东夷部落结盟后,作为执掌最高司法权的东夷部落首领皋陶正是使用"廌"来裁决疑难案件的。② "廌"成为后来"法"(灋)字最核心的组成部分。具有神性的"廌"也成了部落图腾,象征着安定和谐,并且作为社之祭祀的对象。在社内审判时,一旦需要"廌"出场辨别证据,则如前述案例所言,用最与

---

① 瞿同祖:《中国法律与中国社会》,中华书局 2003 年版,第 270-273 页。
② 武树臣:《寻找最初的独角兽——对"廌"的法文化考察》,载《河北法学》2010 年第 10 期。

"鬳"相近的动物"羊"来献祭,利用两造誓辞所引起的献祭品的状态来决定证据优势,以便公正决断。这就是在"社"进行司法审判的基本过程。以"社"告祭先祖和神灵,并且通过盟誓和神灵沟通,获得决断的正当性,以神判弥补证据判定或辨别的知识缺陷。

  盟誓起源于战争誓辞,地点一般是具有神圣性质的社,主要用来约束盟誓者,是后世对神(天)发誓的原始样态。春秋战国之际,诸侯之间的合纵连横正是通过盟誓于社,来消除彼此的猜疑,因此,盟誓在早期是用于军事或政治事务的,是基于政治结盟或攻守同盟意义的,其本质类似于现在的证据保全。《左传》载:"阳虎又盟公及三桓于周社,盟国人于亳社。"① 同时,民间也有盟誓之俗,而且盟誓并非专属于男性。《左传》也记载了泉丘有一个女子,梦见用她的帷幕覆盖了孟氏的祖庙,就私奔到孟僖子那里,她的同伴也跟着去了。这两个女子在清丘的"社"里盟誓约定若将来任何一个人生有两个儿子,必过继一个给对方。此后,该女子生了懿子和南宫敬叔,但她的同伴没有儿子,就让同伴抚养敬叔:"泉丘人有女,梦以其帷幕孟氏之庙,遂奔僖子,其僚从之,盟于清丘之社,曰:'有子,无相弃也。'……生懿子及南宫敬叔于泉丘人。其僚无子,使字敬叔。"② 足见社之盟誓的证据效力足够强大,因为社乃先祖灵魂栖息之所,凡人之盟约通过"社"构建的特殊场域,沟通天地鬼神,直抵当事人心灵深处,可谓日月昭昭,天网恢恢。

  总之,三代之"社"由最初被赋予的神灵崇拜,演变为论证王权正当性的神性信仰和世俗政权治理的基本单位,在政教合一的先秦之际,为司法裁判的权威性提供了精神层面的信赖支持(以凶去凶的神判时空)和物质层面的技术支撑(明夷和盟誓的证据效力),共同构建了早期中国的司法信赖,这就是三代之"社"的司法意蕴之所在。

三、程序之源与早期司法要义

  西周第五代周穆王时期,社会矛盾激化,亟待变革,改革的重任

---

① 《左传·定公六年》。
② 《左传·昭公十一年》。

第四章 古典司法的技艺理性

落在新任司寇（主管司法的官员）吕侯（又称甫侯）头上。正所谓时势造英雄，作为来自地方的吕姓诸侯，深知行用多时的周初刑法——九刑的弊端，遂根据九刑在各个封国实施的不同效果，"度时作刑"，算得上是西周的首次变法。因吕侯作刑与众不同，且效果不差，所以定名为"吕刑"。又因吕侯可称甫侯，故《史记·周本纪》也称之谓"甫刑"。吕刑原本已佚，今文《尚书》载有吕刑篇。

与之前的禹刑和汤刑相比，吕刑最突出的特色在于，它首次对司法做出了专门性的规定。这或许是中国古代法典从以刑为主的禹刑和汤刑，到后来李悝编纂《法经》，能够将实体法和程序法合二为一的必经阶段。吕刑实际上起到了承前启后的作用，这正说明吕刑作为变法时期的产物，引领着中国古代法典逐步从实体法转向程序法，从重视立法转向为重视司法，从形式公平转向实质公平，其作用不容小觑。①

（一）行刑政策

吕刑首先重新界定了赎刑。从本质上而言，吕刑中的赎刑并非着眼于实体法上的设计，而是集中于司法阶段的执行策略，依然属于司法的范畴，想必是为了统一赎刑在各地封国适用的标准和原则。因为赎刑并非吕刑首创，在周初九刑中即已规定。九刑正是在沿袭商朝的五刑（墨、劓、剕、宫、大辟）之上，又增加了赎、鞭、扑、流四种刑罚，统称为九刑而已。吕刑首重赎刑，是对九刑之中颇有西周自身特色的赎刑进行确认和强调，进一步承认了穆王之前任所作九刑的地位和意义，是完全的"政治正确"。但为了"度时"，结合当时执政的特殊情势，只能对既有刑罚体系在适用过程中遭遇的新问题进行纠偏，才能永葆九刑之权威。故而，吕刑看重仅对司法审判中的疑罪才可适

---

① 传统看法认为吕刑是西周的法律形式之一，既是一部成文法典，又是一部阐述中国古代法学理论的著作。参见张晋藩主编：《中国法制史纲》，中国政法大学出版社1986年版，第27页。有的则认为吕刑不是一部法典，而是一份关于适用刑罚的指示性文件。参见曾宪义主编：《新编中国法制史》，山东人民出版社1987年版，第28页。也有的认为吕刑不是一部刑法典或诉讼法典，而是中国古老的具有刑诉法性质的文献。参见薛梅卿主编：《中国法制史教程》，中国政法大学出版社1988年版，第25页。实际上要厘清吕刑的性质，则要澄清吕刑和《尚书·吕刑》之间的关系。参见蒲坚主编：《中国法制通史》（第一卷·夏商周），法律出版社1999年版，第197页。

用赎刑。

吕侯的这一变法策略,既坚持了九刑作为基本法典万古不亘的稳定性,也是重点提倡慎重适用赎刑,是完全拥护周初确定的"明德慎罚"之基本国策。重提赎刑,不仅为变法提供了合法性依据,而且也隐藏了以赎刑解决当时财政困局的直接政治目的,成功地将大众目光转移到司法操作上,并进一步确保了"明德慎罚"之精髓,可谓一举三得。这就是吕侯的过人之处。

(二) 裁判原则

紧接着赎刑之后,吕刑重点规范了司法裁决的方法和原则,成为后世模仿的经典范本。

吕刑首先以苗民无德滥刑遭受亡国绝祀的史例论证了"敬德于刑,以刑教德"的重要性。正所谓"士制百姓于刑之中,以教祇德","惟敬五刑,以成三德"。同时,为了贯彻慎罚,吕刑强调"明于刑之中"。"中"即有公平、准确、宽和之意,唯有明德慎罚,德明于刑,才能致"中"。"刑中"或"中刑"的原则自此成为中国古代用刑的最高境界。"明于刑之中"离不开"刑罚世轻世重,惟齐非齐,有伦有要"的刑事执行政策。"世轻世重"与宽严相济类似,该原则在公元前11世纪左右的西周就已出现,确实是吕刑转向关注司法的重大成就。经过不断地封邦建国,西周封建制度已十分成熟,西周国土境内已经形成了上千个大小不同的封国,发展不一、情况不同的封国适用不同的"刑中"之策是当然之理。相传为周公所作的《周礼·秋官·大司寇》就有关于"刑新国用轻典,刑乱国用重典,刑平国用中典"的原则,这说明"刑罚世轻世重"已在周初得到了贯彻,吕刑对此重申,是对既有司法成绩的追认和司法经验的总结,也是借此推动司法革新的最重要理由。当然,吕刑对"世轻世重"并非简单的继承,还创造性地提出了"惟齐非齐,有伦有要"的八字方针。即刑罚的适用或依法典即"惟齐",或酌情轻重即"非齐",但要分清主次,掌握关键,即"有伦有要"。

具体而言,"明于刑之中"可按照"上下比罪,无僭乱辞,勿用不行"的原则来实行,将"上刑适轻下服;下刑适重上服,轻重诸罚有权"作为上下比罪的具体操作办法。即如罪无正律明文规定,可比较对照上下轻重条文审慎量刑;不能用刑与狱辞不相应,或者以私意曲解狱辞而导致差误;也不得使用已废止的法律条文,以及现有的但与犯罪情节不符的法律条文。上刑,如果罪重情轻,应当减一等服下刑;下刑,如果罪轻情重,应当加一等服上刑;用刑理应按轻重情节,权衡妥当。这些原则均被汉唐及明清完全继承。

(三) 裁判细则

另外,吕刑还对司法官员的心态品格和具体细微操作等做了规定,也是"有德惟刑"的体现。首先,选择"惟良折狱""哲人惟刑",任用善良智慧之人,"哀敬折狱,明启刑书胥占"。即司法官员当常存哀悯敬畏之心,明确刑书的目的,与众狱官和狱囚共同占度,集众人之意审断。其次,认真听取诉讼当事人的陈述,"罔不中听狱之两辞,无或私家于狱之两辞"。即不得以私意喜怒偏向听从一方之词。"察辞于差,非从惟从。"注意辨别双方陈述的差别,不能先入为主,被当事人牵着鼻子走。还一再强调"惟察惟法,其审克之",以王法为基本裁决标准,审慎克制。最后,要"念之哉""敬之哉",对司法职业伦理再三强调,并且告诫司法者当谨记"狱货非宝,惟府辜功,报以庶尤"。即将司法者最容易在裁判过程中所犯的罪一一列举,给予警示性教育:凡断狱枉法,收取贿赂,见金不见祸,上天将会报以众罪百殃。这是后来在南宋以降,官场盛行的戒石铭所载16字箴言的最初来源:"尔俸尔禄,民膏民脂,下民易虐,上天难欺。"

可以说,吕刑不仅规范了司法过程中的具体操作原则,包括细微的定罪量刑标准拿捏,而且还在司法伦理和司法艺术上强调以"刑中"为皈依。整体来看,吕刑从德性修养出发,以具体审判操作为根本,进而抽取审判基本原则,最后落脚于司法素养上,从抽象到具体再到抽象,丰富完整,开启了司法作为法典重要内容的先例。

"朕敬于刑,有德惟刑",有德是用刑的基础之基础,在西周即已成为核心治理思想,具体表述为"明德慎罚"。在此思想的指导下,吕刑呈现出诸多特殊之处,成为中国法典传统,甚至是司法传统的奠基和扛鼎之作。与此前的禹刑和汤刑类似,虽然吕刑内容简略至极,但重点明晰,其丰富的内容涵盖正表现了立国掌权者的治理期待和改革方向,借司法之力来推动西周中期的诸多变革。

四、疑罪处理与司法减压技术

(一) 为官员减压的奏谳

现行刑事法所确定的处理疑难刑事案件的基本原则,当然是"疑罪从无"。按照"疑点利益归于被告"的原则,当犯罪事实在有无之间存疑时,应宣告无罪。但当前的司法实况并非如此,宣告无罪所占的案件比例微乎其微。对于疑难案件,侦查机关忙了好几通,却只因无法彻底排除合理怀疑,就宣告犯罪嫌疑人无罪。本着"没有功劳也有苦劳"的原则,侦查机关绝对难以接受。常言道:苍蝇不叮无缝蛋。侦查机关既然确定了犯罪嫌疑人,很难改变初衷。加之,在限期办案的压力下,虽然一时提交的证据稍有瑕疵,但也不能彻底推倒重来。因此,法院常常会留一手,倾向于做出"留有余地"的判决。这种"罪疑唯轻"的判决逻辑,在中国历史上已有过。

河南南阳内乡县衙的二堂门上挂了一幅楹联,叫作"法行无亲,令行无故;赏疑唯重,罚疑唯轻"。实际上"罪疑唯轻"在西周已有,据《尚书·大禹谟》载:"罪疑唯轻,功疑唯重。"《尚书·吕刑》也载:"五刑之疑有赦,五罚之疑有赦。"结合起来看,西周"罪疑唯轻"具体表现为"罪疑从赦"。赦又从赎,赎以锾计,通过"罚锾",就是罚金了事。比如判墨刑有疑的,则罚一百锾,但还是要核实其罪。怎么核实呢?"简孚有众,惟貌有稽。"即要依赖众人核实验证,审判也要有共同办案人的稽核。《周礼·乡士》载:"乡士掌国中……听其狱讼……异其死刑之罪而要之。旬而职听于朝,司寇听之,断其狱,弊其讼于朝,群士司刑皆在,各丽其法,以议狱讼……若欲免之,则王会其期。"但凡地方疑难案件,皆报司寇,且群体官员共同来审案,最后由王定夺。众人核实是通过"三刺之法"(刺,即打听征询)来完成，即"一曰刺群臣，二曰刺群吏，三曰刺万民"。依次征求群臣、群吏和百姓的意见来核实其罪，最终以公议来执行罪疑唯轻。

但是，地方官会考虑到若因坚持"罪疑唯轻"而放走了真正的罪犯，将来导致重新犯罪的话，社会危害就大了。于是，通过超期羁押的办法来控制嫌疑人就成了官员们的首选对策。为了解决疑案久拖不决，西汉便将疑难案件的裁决责任上移，以免去地方官的担忧，推行"疑狱奏谳"制度。据《汉书·刑法志》载："狱之疑者，吏或不敢决，有罪久而不论，无罪者久系不决。自今以来，县道官疑狱者，各谳所属二千石官……所不能决者，皆移廷尉，廷尉亦当报之。廷尉所不能决，谨具为奏，傅所当比律令以闻。"即从县到郡再到中央廷尉，逐级上报疑难案件。如廷尉仍难决断，则附上可以比照的法条，报请皇帝裁决。同时，凡是地方官员依惯例呈报上来的案件，其自认为没有问题，但被上级官员认定为疑难案件的，则不会被视为错案而追究地方官员的责任。景帝后元年（前143年）发布的一则诏令就是基于这个考虑："人有愚智，官有上下。……谳而后不当，谳后不为失，欲令治狱者务先宽。"然而，疑狱奏谳很容易给地方官推卸责任予口实，所以宋代就有了严格的限制，尤其是规定对非确系疑难案件而提起奏谳的有关官员，要科以"不应奏而奏"之罪。

同样,古代也有后续制度来弥补因没有贯彻"罪疑唯轻"而导致的冤假错案,例如汉代创设了录囚制度,皇帝、刺史或郡守通过审录在押囚犯,平反冤案。在西周就已经实行的赦免制度,更是为冤假错案的事后补救提供了可能。虽然录囚和赦免不固定,但频率却不低。

古代罪疑唯轻的推行依赖于自上到下的共同负责制,具体通过疑狱奏谳和事后多种补救机制来杜绝官员不尽责而"和稀泥"的司法投机行为。其主旨是将疑罪的审判责任分摊给帝国的官员群体,甚至包括皇帝在内,而不是具体的法官个人。而且罪疑唯轻最终由天子来定夺,完全可以制止犯罪嫌疑人及其家族不断地缠讼闹访,平息纷争。毕竟由天子定夺,表明终极程序已经走完,终极正义就是如此。而且天子又可以通过正式的录囚和赦免制度,来进行自查自纠,真正达到疑罪从无的效果。总之,一整套围绕"罪疑唯轻"这一核心的制度设计,通过疑狱奏谳和最高权力者的终极参与,免去了承办官员的群体责任,保全了为案件辛苦忙活的所有人的脸面,使投入的司法资源得到肯定,使社会公众惧怕罪犯嫌疑人再犯罪的担忧烟消云散。同时,通过皇帝的介入,以及罪疑从赎和罪疑从赦的相关保障,案件当事人及其家属也能最大程度地得到安抚,因此之故,罪疑唯轻所带来的总体社会效益并不比疑罪从无差。

(二)为皇帝减压的赦免

正所谓"恩威并施",历代君王都青睐刑罚和恩赦并行,以恩赦为核心的统治方式,被称为"恩赦政治"。① 古代中国的赦,包括大赦1200多次,加上曲赦、别赦、减等、赎罪、德音等各种恩赦,总数不少于2000次。② 赦的功能正如荀悦所言包括五种:"一曰原心,心可矜也;二曰明德,德可释也;三曰劝功,功可准也;四曰褒化,化所关也;五曰权计,权时之宜,非常典也。"③

---

① 陈俊强:《皇权的另一面:北朝隋唐恩赦制度研究》自序,北京大学出版社2007年版。
② 陈俊强:《魏晋南朝恩赦制度的探讨》,台湾文史哲出版社1998年版,第1-2页。
③ [东汉]荀悦:《申鉴·政体第一》。

《尚书·舜典》记载"眚灾肆赦",即过失行为应缓纵而释放。《周礼·秋官·司刺》也载:"掌三刺、三宥、三赦之法,以赞司寇听狱讼……一赦曰幼弱,再赦曰老耄,三赦曰蠢愚。"最初的赦只是针对族内的个案,"凡先王之攸赦,必是族也。非是族焉,刑兹无赦。"且只是减等刑,而非免刑。之后,赦开始针对过失犯或无责任能力之人,或是针对疑狱的从轻处理。① 春秋战国之际,各诸侯国开始尝试集中释放囚犯。② 秦本法家之政,"刚毅戾深,事皆决於法,刻削毋仁恩和义……久者不赦"。③ 近15年才赦1次,④ 因法家认为,"凡赦者,小利而大害者也,故久而不胜其祸"。⑤ 西汉正式确立了广泛而全面的赦免制度,标志着"专制皇权"和"赦宥思想"的成熟。⑥ 赦总以隆重的仪式出场:"赦日,武库令设金鸡及鼓于宫城门外之右,勒集囚徒于阙前,过鼓千声?宣制放其赦书,颁诸州,用绢写行天下。"⑦

---

① 王娜:《中国古代"赦免"含义考察》,载《法治论丛》2008年第2期。
② 胡晓明:《大赦渊源考论》,载《南京社会科学》2002年第4期。
③ 《史记·秦始皇本纪》。
④ 徐式圭:《中国大赦考》,商务印书馆1934年版,第94-97页。
⑤ 《管子·法法第十六》。
⑥ 陈俊强:《中国古代恩赦制度的起源、形成与变化》,载张中秋编:《中华法系国际学术研讨会文集》,中国政法大学出版社2007年版,第187页。
⑦ 《新唐书·刑法志》。

乱世之赦比较普遍，治世反倒较少。①如西汉末年和东汉初年，以及三国魏晋南北朝之际，滥赦频繁。②隋唐以后，律令对赦的规范已相当严密，内容涵盖赦生效的时间、范围、不当得赦者、赦前断罪不当的补救等。赦不只有赦宥罪犯之效果，赦文中还包括了官员的赐爵以及对民间债务的免除，兼具赦罪和恩赐的双重意义。③武则天《改元光宅诏》的颁布标志着赦的内容开始向国家重大制度变革延伸。④ 安史之乱后，赦因其颁布的范围广、时效快，成为朝廷推行政令的重要手段，申禁处分的内容渐多，⑤于是，赦更像是朝廷"总的政策说明和国家形势的总结"，具有"全面行政"的意义。⑥

北宋末年以后，因财政困难，州县违法征收猥獗。赦书中开始出现一些约束赋税征收的条文，称为约束赦文，更加明确细致，同申禁明显不同。⑦赦文由单个诏敕便可以发布的许多独立性条款组成，借助三年一次的大礼赦发布，颇有"立法制，行禁令"⑧的味道，取代了本由敕这一主要法律形式承担的发布政令的功能。

元明之际则十分谨慎，平均 5 年多 1 次大赦。赦减免刑罚的功能已被会审、热审、朝审等司法制度取代。《大明律·名例律》首次出现"常赦所不原"条，更是限制了赦的适用。⑨广泛适用赎刑，也使得明代本通过赦可以部分解决的问题得到了解决，诸如监狱拥堵、刑罚残酷、执行笞杖刑的成本大增等。清承明制，奉行少赦，习惯对在押罪

---

① 张国华：《中国法律思想史新编》，北京大学出版社 1998 年版，第 222 页。
② 陈俊强：《魏晋南朝恩赦制度的探讨》，台湾文史哲出版社 1998 年版，第 63 页。
③ 参见陈俊强：《皇权的另一面：北朝隋唐恩赦制度研究》，北京大学出版社 2007 年版。
④ 禹成旼：《从〈改元光宅诏〉的结构与性质来看唐代赦文的变化》，载《中国唐史学会第九届年会论文集》，第 10 页。
⑤ 戴建国：《唐宋大赦功能的传承演变》，载《云南社会科学》2009 年第 4 期。
⑥ ［英］崔瑞德：《剑桥中国隋唐史》，中国社会科学院历史研究所西方汉学研究课题组译，中国社会科学出版社 1990 年版，第 639 页。
⑦ 郭艳艳：《宋代赦书研究》，河南大学 2011 年博士学位论文，第 56－64 页。
⑧ 明代丘浚认为"赦之为言释其罪之谓也，后世之赦乃以蠲逋负、举隐逸、荫子孙、封祖考，甚至立法制、行禁令皆于赦令行焉，失古人昔灾肆赦、赦过宥罪之意矣。臣愚以为，赦令之颁，宥罪之外，蠲逋减税、省刑已责、弛工罢役、宽征招亡，凡宽民惠下之道因赦而行可也，非此属也一切付之有司行焉。"参见［明］丘浚：《大学衍义补》卷一〇九《慎刑宪》。
⑨ 宋黎黎：《论"常赦所不原"——兼论中国古代赦免制度的功能》，中国政法大学 2009 年硕士学位论文，第 34 页。

犯均减刑一等的做法，赦频低至平均 14 年多才 1 次。①

自汉代始，赦必有因，②包括立后、立储、加服、庆满月生、祀明堂等政治性赦因，和改元、上尊号以及有事南郊等政策性赦因。唐代从最初诸多的政治性赦因到逐渐固定于较少的政策性赦因，与中唐之后赦文内容的变化相辅相成。政治性赦因往往具有规律性，容易被利用，汉代已有"河内张成善说风角，推占当赦，遂教子杀人"。③《唐律疏议》也有"知有赦而故犯罪"和"改赦前不当之断罪"，④这也是唐代赦因变化的原因。明代恰好相反，政策性赦因几乎没有，只有登基和立储（或生皇太子）才能大赦，要求极严，这与明代建立起了诸多的替代性制度有关。

赦从最先皇帝的宅心仁厚逐步过渡到兼具免罪、恩惠和行政的多重功能，而且逐渐被其他更具有可控性的制度创新所取代，变得更加理性。如果再将理性的赦作为减轻疑难案件压力、尽可能避免冤假错案的减压机制，在其他司法制度无法处置疑难案件之时，适当地通过赦免来弥补可能出现的冤假错案的恶果，在有限的侦查技术条件下，乃是对案件当事人和公众都有交代的良策。

五、简单司法技艺：兼审判技艺和理论的五听

（一）五听之本意及其哲学基础

五听，即通过对案件当事人在陈述案情时基本的情态表现和言辞逻辑进行语法、表情、气息、反应和目光上的观察，来判断其口供的真伪。《尚书·吕刑》曰："两造具备，师听五辞。""五辞"即"五听"，故在西周之际就已作为基本的审判经验所宣传推广。其一，"观其出言，不直则烦"。即观察当事人陈述时的语言表达，如果语无伦次，说明所言非实。其二，"观其颜色，不直则赧然"。即观察当事人

---

① 郭建：《中国历史上的"宽恩大赦"》，载《人民法院报》2003 年 5 月 12 日。
② 沈厚铎：《试析中国古代的赦》，载《中外法学》1998 年第 2 期。
③ 《后汉书》卷六七《党锢列传》。
④ 钱大群：《唐律疏议新注》，南京师范大学出版社 2007 年版，第 91—94 页。

陈述时的面色，如果面红耳赤，就说明说述非实。其三，"观其气息，不直则喘"，即观察当事人陈述时的喘息，如果所言非实，就会气喘吁吁。其四，"观其听聆，不直则惑"，即观察当事人的听觉，如果所言非实，就会听觉迟钝。其五，"观其眸子，不直则眊然"，即察当事人陈述时的目光，如果所言非实，就会两目无光。是为辞听、色听、气听、耳听、目听五种。因此，"听"实为"观"，之所以用"听"，乃强调"听讼"之意。

"听"很早被赋予了"兼听"和"衡听"的要求。《尚书·吕刑》就强调"民之乱，罔不中听狱之两辞。"荀子也颇为重视"兼听"和"衡听"的意义，① 其谓"故公平者，听之衡也；中和者，听之绳也。其有法者以法行，无法者以类举，听之尽也。偏党而不经，听之辟也"。② 在"听"的过程中，始终按照"道"的标准来取舍诸听，以达到公正平允。因此，以五听为代表的传统司法，其探究真相的过程也是为政求道的过程。

不过，到了西晋张斐那里，五听依靠心理学的证据而获得了认同。

---

① 伍龙：《论荀子哲学中的"听"》，载《烟台大学学报（哲学社会科学版）》2015 年第 1 期。

② 《荀子·王制》。

第四章　古典司法的技艺理性

"夫刑者，司理之官。理者求情之机，情者心神之使，心感则情动于中而形于言，畅于四支，发于事业，是故奸人心愧而面赤，内怖而色夺，论罪者务本其心，审其情，精其事，近诸取身，远诸取物，然后乃可以正刑。"五听不仅是鉴别口供真伪的方法，还可以用来判断犯罪目的和动机，以及动机之外的诸多情事，这便是自西汉以来以董仲舒为代表的"引经决狱"派所倡导的"原心定罪"。是故张斐认为情之所动，心之所使，首先形于言，经由色、气、耳、目等四肢，表现在处事行为上。就此而言，西周的五听还处在简单归纳经验的层次上，并没有被赋予如此高的意义。但由于西周强调明德慎罚，惟德是刑，五听又正是慎罚的反映。通过依赖于审判者主观观感，发现真凶，是审判者以及为政者德性和德行之体现，此其一。而且自西周以来，刑讯均是作为五听的次一级审判技巧被强调的。秦代即看重根据口供而查明事实乃上等，动用刑具才查明案情的为下等，采取恐吓手段屈打成招则为"败"。因此，强调五听为审讯之首策，其本身也是慎罚矜恤之体现，此其二。然从五听的做法上来看，从西周到西晋，没有两样，如张斐所言，均基于"近取诸身，远取诸物"的理念。

"近取诸身，远取诸物"是《易经》的重要原则。八卦的生成也是"近取诸身，远取诸物"的结果。"近取诸身，远取诸物"要求审判者先从自身和周遭的异常变化来取象，获取经验证据，以此来判别口供真伪和拟定审讯方向。后世继承五听，也是因其符合深受《易经》教诲的儒者官员自身素养需求所致。北宋的程颐即认为"学者不必远述，近取诸身"。"身"不仅是指己身，强调审判者的主观能动性，还有体验践行之意，如《孟子·尽心上》有言，"尧舜，性之也；汤武，身之也；五霸，假之也"，符合儒家"杀身成仁，舍身取义"的道德追求。近取和远取，皆需要"仰以观于天文，俯以察于地理，是故知幽明之故"。需要通过"观"来在变化无常的人心世界中寻找不变恒常之窍，所以，"五听"即"五观"，在观察诸身和诸物的过程中发现真相。

不过，终究还是像张斐所言："夫刑者，司理之官。"以五听为代表的司法过程，始终是穷理的过程，正如《易经·说卦》曰："穷理，

133

尽性，以至于命。"五听所包容的即是以简驭繁，以不变应万变之理。虽然可能不太奏效，但所包含的"万变不离其宗"的真理仍旧是对以同样属于体察万物之理的审判真谛。

（二）作为审判技艺和审判制度的五听

从审判需求上来说，在古代普遍缺乏审判技能专业化培训的场域下，通过简单的经验常识将基本的审判技能进行有效复制和推广，五听是最为成功的。五听强调审判主体在场，对书面审理坚决说不，这一点成为至清代形成的"逐级审转复核制"这一中国古代司法审级安排的当然要求。逐级解押案犯，升堂当面问案，① 不论是获取口供，还是核实证据，通过五听的初级要求，丝丝入扣，顺藤摸瓜，进而达到验明真相，监督下级官员秉公执法的目的。这是作为一种入门级官员初级审判技术的五听，之所以自西周到明清长盛不衰的重要原因。

当然，五听对于初犯或偶犯而言，很容易起作用，尤其是毫无经验的罪犯。但对于惯犯而言，如果是老奸巨猾之徒，却很难只通过五听来辨别真假。因此，在初民社会的西周所总结出来的审判技能，面对简单的审判事务和敦厚的民众，自能发挥奇效。至迟在春秋战国时期，五听就已普遍适用于司法审判。② 但到后来更复杂的社会之际，类似于五听的技能，倘若再想奏效，只能不断完善。因为明代海瑞就曾认为："两造具备，五听三讯，狱情亦非难明也。然民伪日滋，厚貌深情，其变千状，昭明者十之六七，两可难决亦十而二三也。"③ 于是，到了清代的汪辉祖则将五听升级："或引而亲之以观其情，或疏而远之以观其忽，或急而取之以观其态，或参而错之以观其变。醉之以酒，以观其真；托之侦探，以观其实；要之于神，以观其状。"④ 不仅如此，五听并非是单独发挥作用，还需要依赖客观证据。如南宋郑克就认为："鞫情之术，或以其色察之，或先以其辞察之，非负冤被诬审矣，乃检

---

① 奚玮、吴小军：《中国古代"五听"制度述评》，载《中国刑事法杂志》2005 年第 2 期。
② 殷啸虎：《"五听"：中国古代审讯艺术》，载《法学》1991 年第 2 期。
③ 陈义钟编校：《海瑞集》，中华书局 1962 年版，第 117 页。
④ ［清］汪辉祖：《学治臆说》，商务印书馆 1994 年版，第 2 页。

存验物，未有不得其情者也。"元代《至元新格》更是规定："诸鞫问罪囚，必先参照原发事头，详审本人辞理，研究合用佐证，追究可信显迹。"到了清代，五听所涵盖的内容已远远不止于辞色气耳目上，还包括了一系列的情态，如清代司法要求"凡有呈状，皆令其照本人情词据实誊写"。

这显然是作为制度的五听自我进化的过程。

另外，五听至迟到唐代已被作为一项基本的审判程序在适用。唐代司法基本形成了五听、质证、拷掠三个审问程式，即"察狱之官，先备五听，又验诸证信，事状疑似，犹不首实者，然后拷掠"。而且要"以情审查辞理，反复参验"。① 此后历代相沿不改。

（三）作为审判理论的五听

审判者通过缺少指标和大样本支撑起来的能够量化参照的五听来察情，完全考验的是一对一的心理攻防术。在此意义上，五听需要审判者关注每一个个性化的身体，凭借的是自己的人生经验和审判大数据。如果缺乏经验支持，审判者就不能将自己的身体感知投射到当事人身上，这样五听就失去了效用。因为作为具象思维的五听，其存在的前提是假定审判者的身体感知与所认知的对象身体彼此感应，② 甚至能够超越，也即审判者的身体体验最好能够高于当事人。

最初五听是被赋予了神性的，或许是早期神判法经验的遗存。③ 五听的过程更像是一种仪式，官员在其中扮演的是巫师的角色，超越众人。他通过借助审判构筑的一个以言辞、神态、气息、反应等为代表的一系列身体机制的特定时空场域，在其中探求真相，最终达到一种身心互渗、人神杂糅的认知状态。④ 然而，现实中不能期望每一位官员都超越凡俗，也不能要求他们均深谙犯罪心理学或审判之道，更不能让每一位官员都以身试法，获得更直观的犯罪体验，以准确拿捏犯罪

---

① 《唐律·断狱》。
② 郑智：《刑讯与五听："情实"背后的身体思维模式》，载《法律科学》2014 年第 3 期。
③ 李泽厚：《说巫史传统》，上海译文出版社 2012 年版，第 14－26 页。
④ ［法］列维·布留尔：《原始思维》，丁由译，商务印书馆 2010 年版，第 94－95 页。

者心态。因此，五听又是一种高级的审判技术，唯有经验老道的官员才能把控。有学者指出，明清之际，除了辞听之外，其他四听已经很少发挥作用了。①但其中的原因并不能完全归结为五听缺少基本的程序设计，比如缺乏当事人主义的诉辩结构，同时审判者自身也因主观意识具有随机性、瞬时性和非逻辑性等特点，再加上五听所做的判断不具有唯一性和排他性等。②只是因为五听已经随着社会之复杂程度，无法被一般官员自由掌控而已。如果此时还一味强调五听作为审判法定程序，则极易成为官员滥法擅权的正当理由。加上清代以来，幕友成习，"无幕不成衙"，幕友往往打着五听的幌子，指使官员对一方当事人诘难，对答稍不如意，则施加"合法"的刑讯，酿成冤案。

就此而言，到了帝国晚期，传统的五听程序就不能只是作为一项审判技能或程序被对待，而应当视为一个审判的基础理论。五听入门简单，但易得不易精。官员知识和经验的不断累积，能促进作为简单入门级的五听不断丰富，彰显更加个性化和多样化的官员个性，且越用越顺手，省时省心。正如习幕多年的汪辉祖就认为，经年累月的五听实践，则"伪者渐息，讼皆易办，著得力于色听者，什五六焉，较口舌争几，事半而功倍也"。③但大部分官员几乎只能永远停留在入门的水平，无法进阶。当其面对狡黠的对手时，为了掩盖其束手无策而依赖于作为官场通行的五听，以初级的五听应对本该需要复杂的五听才能处理的难办案件，反倒适得其反，冤案丛生。须知，以五听为代表的司法审判也需要解放思想，与时俱进，正所谓"魔高一尺道高一丈"。总之，正是作为一个开放而不断自洽的审判理论，简单的五听才能自西周至清代以来，一直成为审判的不二法门，在能吏手中发挥着四两拨千斤的功效。

---

① 蒋铁初：《明清民事证据制度研究》，中国人民公安大学出版社2008年版，第182—183页。
② 何邦武：《发现真相抑或制造冤案："五声听讼"质论》，载《苏州大学学报》2013年第5期。
③ ［清］魏息园：《不用刑审判书》，载杨一凡、徐立志主编：《历代判例判牍》（十二），中国社会科学出版社2005年版。

第四章　古典司法的技艺理性

六、复杂司法技艺：古代能吏办案的手法偏好

（一）察狱之术、实体为重与用谲偏好

古人将犯罪分为"奸"与"慝"两种类型：奸必巧诈，慝唯隐讳。从犯罪之巧诈来说，则称为奸；从犯罪之隐恶来讲，则称为慝。为了识破奸慝，以《折狱龟鉴》著称于世的宋人郑克就曾多次强调："凡欲释冤，必须有术。"察狱之术大体有三：曰色、曰辞、曰情。凡司法者要善于"以色察之"，善于发现"辞与情颇有冤枉"，善于"迹其状稍涉疑似"，才能"多得情伪"，获得真情。具体而言有两种途径：一是"以迹求之"，以罪犯留下的痕迹物证为线索以追查其去向；二是"以谲取之"，用诈术找出罪犯的下落。前者被郑克称为"核奸"（核察奸伪），后者为"摘奸"（揭露奸伪）。摘发奸伪经常要用到诈谋，即"用谲以摘奸"。当然，核奸也离不开用谲。"用谲"之法，在于"宜密而速，与兵法同矣"。故而，以察情、据证、用谲三事皆为古人治狱之基本手段。① 其中又以察情最为关键，《唐律疏议》与《宋刑统》均规定了"断狱必先以情"。归根结底，察狱之术基于"情理"而来。

察情、据证、用谲，皆离不开对案情细节、常理人情以及客观规律等相互参验的把握，也始终离不开"情理"二字。这完全符合古人察狱的惯常性思维：注重实体，轻视程序，是基于一种平民式的追求实质目标，而轻视形式过程的实质性思维。② 察狱之成败，一方面依赖于对案件本身的细致思考，另一方面还需要长期办案经验和生活阅历的积累。③ 用谲之术更是基于非形式推理，有时甚至还包含了反逻辑的思维和推理。④

---

① 梁治平：《法意与人情》，中国法制出版社2004年版，第220页。
② 孙笑侠：《中国传统法官的实质性思维》，载《浙江大学学报（人文社会科学版）》2005年第4期。
③ 陈玺、宋志军：《唐代刑事证据制度考略》，载《证据科学》2009年第5期。
④ 朱勇、张青：《传统刑事司法中的非形式逻辑操作》，载《河北大学学报（哲学社会科学版）》2008年第1期。

137

使用"用谲"这类超越基本法律原则的断案,很多做法具有高度雷同性,发挥了立竿见影、屡试不爽之功效。比如唐代的裴子云为新乡令时,"部民王恭戍边,留牸牛六头于舅李琎家。五年产犊三十头,恭还,索牛。李云二头已死,只还四头老牸。恭诉之,子云送恭于狱,令追盗牛者李琎。琎至,子云叱之曰:贼引汝盗牛三十头在汝庄上。唤贼共对,乃以布衫笼恭头立南墙下,命琎即吐款,乃云:三十头牛总是外甥牸牛所生,实非盗得。子云去恭布衫,令尽还牛,却以五头酬琎辛苦"。① 该案就与隋代大业年间,张允济任武阳令是承办的一桩案件类似:邻县有人牵母牛依居岳家八九年,母牛生产牛犊十余头;等到归宗另居时,岳家不与。邻县官吏苦于没有证据,束手无策。事主告到武阳县,张允济令手下绑缚牛主,以衣衫蒙头,带到岳家村中,说是盗牛贼指认盗赃,村中养牛之家须说清牛的来历。岳家不知缘故,说自家的牛是女婿家的牛。张允济揭去所蒙衣衫:"此即女婿,可以牛归之。"②

古代能吏都希望通过这类"用谲"之术来办案,以名垂千古。这些察狱之术,与当下诱惑性侦查之方法有些类似,赋予了办案本身很

---

① 《棠阴比事·裴命急吐》。
② 《旧唐书·张允济传》。

高的观赏和传播价值。古人所传唱的能吏智慧，也就更加重视个人办案艺术手法的呈现过程，而非法律逻辑推演的技术理性。① 例如《折狱龟鉴》卷八载：前汉时，沛县有富家翁，赀二千万。一男仅数岁，失母，别无亲属，一女不贤。翁病困，思念恐其争财，儿必不全，遂呼族人为遗书，悉以财属女，但余一剑，云："儿年十五付之。"后亦不与。儿诣郡诉，太守何武因录女及婿，省其手书，顾谓掾吏曰："女既强梁，婿复贪鄙。畏贼害其儿，又计小儿正得此财不能全护，故且付女与婿，实寄之耳。夫剑，所以决断。限年十五，智力足以自居。度此女、婿不还其剑，当闻州县，或能证察，得以伸理。此凡庸何思虑深远如是。"此案便是著名的"何武断剑"。太守何武根据富翁留给儿子的一把剑，推断出遗嘱并非当事人的真实意思表示。这些推断多有推测、臆断的成分，在法律上很难站得住脚。子曰："片言可以折狱者，其由也欤？"② 司法官只听到一半的诉词即能作出判断，可见其聪慧和睿智。"片言折狱"遂成为古代审判的最高技艺。③

（二）治理成本、形象塑造与正谲之别

在公众眼里，王法都是正义的化身，并没有"恶法非法"还是"恶法亦法"孰是孰非之争。古人认为"恶政"大多数不是由"恶法"造成的，而是由"恶人"造就的。因此，流传至今的中华传统清官和能吏的经典办案故事，都是以高明的办案手法为中心内容，而不太注重法律适用的技术性分析。因为，强调按照法定程序办案，体现的是一种当代法治社会的技术理性。技术理性意味着规范化，注重程序规范的做法，多数会限制办案的智力创新。只有不拘泥于形式化的办案艺术方能更为适合只读圣贤书的士人，当他们在成为帝国正式官员之后，以儒家之道理便能胜任皇权赋予地方治理之使命。此外，规范化的办案程式虽然可以保障王法实施的统一，但大大提高了帝国培养和选拔官僚的成本，这对以农业为本的国家财力而言是难以支撑的，倒

---

① 胡平仁：《中国古代听讼断狱艺术》，载《法治研究》2010 年第 2 期。
② 《论语·颜渊》。
③ 顾元：《"片言折狱"与中国古代司法逻辑》，载《人民法院报》2003 年 5 月 26 日。

不如通过儒家意识形态的仁义教育，以不变应万变，解决复杂多变的地方案件，发挥官员的实践理性，以官员的主观能动性来办案，实现地方治理的最大效益。在此意义上讲，察狱之术便承担了以上功能。

往深了说，用谲的办案智慧能够更多展示地方官员的创意，以用谲之法形成的青天形象，完全可以称得上是创意产品。以察狱之术来传递官员的决断艺术，其目的是给予百姓希望，让百姓感知到处处皆有"青天"的存在，再大的冤情也能够昭雪。官员通过这种艺术化的办案方式进一步得到了神化，成功地打造了属于自身风格的"青天"形象，传递的是"正义终究会战胜邪恶"的文化精髓。恰是因为有这般艺术化办案手法的"青天"存在，即便百姓遇到不公，也断然不会轻易走极端，做出过激反应，甚至民变。故而，"用谲"之术普遍受到官吏偏爱。不过，偏爱归偏爱，即便明白了察情、据证、用谲的心法和手法，能够娴熟而又智慧地采取明察暗访、声东击西之术察狱，对于一般官吏而言，也是很难做到的。尤其是"用谲"，作为诈谋之术，偶然奏效，不可奉为常法。若是遇上狡猾之刁民，反遭欺蒙。正所谓"夫欲核奸，谲不若正，履而度之者是也"。① 但是，实践中的案件，或有"证或难凭，而情亦难见"之情况，用正术就难以进行审讯问案，只能用"谲以植其伏，然后可得之"。

然而，"辨诬之术有正有谲……谲非正也，然事有赖以济者，则亦焉可废哉"。"五听"之"正术"才是办案的常法，尤其是色听与辞听。"用谲"就被限制在只有能够"尽心"的能吏，才能使用的正当办案方法，而且被视为可以大力褒奖和广为流传的智慧之举。但若是讼师"用谲"，则不具有正当性和正义性，② 反倒被视为"奸回巧诈，逞其伎俩，以挠国家之法，使是非、曲直无从辩"，③虽然这只是当时打压讼师之举，颇有点"只许州官放火，不许百姓点灯"的味道，可以算作是古人的"非法证据排除规则"，但对于普通官吏而言，谨守以

---

① 张全民：《郑克法律思想初探》，载《法制与社会发展》2004 年第 6 期。
② 祖伟：《中国古代证据制度及其理据研究》，吉林大学 2009 年博士学位论文，第 81 页。
③ 霍存福：《唆讼、吓财、挠法：清代官府眼中的讼师》，载《吉林大学社会科学学报》2005 年第 6 期。

"正"为原则,以"谲"为例外的办案手法,才是解谜之正道。

(三)民事案件、办案程式与法制效果

翻看流传下来的"用谲"之法,多为解决民事案件。一般认为,传统社会重刑轻民,民间细故很少被官府受理。只不过,一旦过多的民事案件无法得到及时处理,则可转化成刑事案件。更何况,家长里短的民事纠纷不在少数,频繁地以"用谲"之术来处理关乎民生的重大民事案件,便于官员加速处理以减轻压力。我们看到的这些反复被适用的"用谲"之术,正说明官方不自觉地形成了对这类案件简单快捷的处理机制。如此,便能极大地节约有限的司法资源,将官员的精力投入到更复杂的疑难案件上来,这已是皇帝和百官的共识。虽然,在众多的察狱之术中,难免会有看似有违当代法治原则的侦破和审讯之法,比如"强迫自证其罪""不告并非不理"等等。然而,如果通过这种简捷的办案方法,能够尽快破案的话,必将极大提升行政与司法的效率。就此而言,历代广为流传的经典办案手法,已经在大多数的官员心中形成了一套侦办此类案件的较为固定的程式,颇与当下的"简易程序"类似。这种程式并非绝对固定,尚能允许官员在自身能力范围内进行自我创新,如同变戏法一样,进而逐渐形成了丰富多样的办案艺术。照此看来,古人或许故意忽视程序,才能够在有限的侦查技术上尽可能地发挥官员的主体性,不仅有效分流了案件,还能够尽快抵达实质正义。

总体看来,能吏使用艺术化的方法办理的这些案件,多为民事纠纷。而在古代,官府基本上是不受理民事案件的,一般只委托地方权威自治。如果这类案件进入到公众阅读视野,比如《折狱龟鉴》这类读物,难免会"启发"公众,导致涌入到官府的民事案件骤增。但是,这类案件反而为官方津津乐道,且经久不衰地传唱,根本原因还在于官方有意要贴近民意,以宣传"为民做主"的为官宗旨。这类案件的广为传播,更多地是以向公众传达诚信守法的做人原则为目的,类似于古代的另一种普法宣传和诚信教育。因为,对于大众而言,日常接触到的多数纠纷,毕竟是家长里短的小事,包括婚姻、继承、契约、纠纷等。只有如此细微之事，才能成为大众喜闻乐见的"谈资"，普法效果才能深入人心。而且，这些故事进一步告诉大众，即便可以蒙蔽最初受理案件的族长或乡绅，侥幸过关，但最终却无法逃过如同神明一般存在的能吏之"慧眼"，无形中起到了教化和预防的作用。

七、司法检验技艺：洗冤集录与理冤思维传统

（一）据证断案与案验指南

对证据的重视是司法审判的基础之基础，古代中国也不例外，尤其是在处理疑难案件时，更是要依赖于证据。证据的来源无非是勘查和检验，来自于司法者的观察和推理。早在西周之时，《礼记·月令》便载："命理瞻伤、察创、试折、审断决，狱讼必端平。""理"是判官之名，从对"伤、创"的细细理察中折断决狱，唯有经过"瞻、察"之检验过程，才能端平审断。到了秦代，对"理"官瞻察之过程有了具体要求，而非仅是道德的口头教谕。出土秦简有名曰《封诊式》的法律形式，内容与活检和尸检相关。例如《经死爰书》要求"令史某往诊，令史某爰书：与牢隶臣某即甲……"令史以官方身份出场，在牢隶臣等人的协助下完成封查现场，并诊断现场的工作，这一整套

程序即谓"封诊式",最终形成一份勘验记录作为呈堂证供,称之谓"爰书"。《封诊式》共 25 节,以甲乙丙丁来表述案例,供其他官员效法。秦代这种通过典型案例,加上容易操作的文书格式,来传授司法检验的技艺,以确保公平断狱,颇为用心。而且,在检验的过程中,刑徒即隶臣妾等人为协助者和见证者,确保检验公正。直到宋代,依然要求官员躬亲鉴定,仵作仅是协助而已,元代方始授予仵作检验之权。"式"具有行政文书格式之意,此后成为国家行政法规之名。

据证断案,尤其是根据检验结果断案在秦汉时期就已经成为折狱之重要依据。可以说,国家在较早时期就已介入到了司法检验的管控中。到了唐代,举世闻名的唐律给了司法检验应有的关注,将虚假检验按照"故入人罪"惩处。当然,司法检验并未在唐律中形成专篇,仅是零星散落在条文中,而且按致害后果规定了不同的刑罚处罚,较为注重对结果的规制,而没有关注检验过程的规范,此后各代律法沿袭不改。

对疑难案件的处理始终是帝国官员最为心力交瘁之事,不过直至五代后晋年间才有和氏父子编撰的 4 卷本《疑狱集》问世,借以帮助刑案人员破解疑案。北宋年间并没有此类著作问世。或许在文人眼里,搜集与书写晦气的刑案留名青史,不如更加文雅精致的诗词歌赋来得

实在。再加上北宋文人阶层以"君子读书不读律"为风尚,折狱之事沦为仕途末流。至南宋后,此风有所转变,皆因宋人对金作战失败,士大夫阶层整体颓废。关注狱事或许是重振朝纲、收买人心之举,于是南宋对决定司法公正和平反冤狱之关键的司法检验格外关注。继《疑狱集》后260多年的南宋人郑克所编的《折狱龟鉴》,完全摒弃了"疑狱"的编撰原则,而直接搜罗对"决狱"有助的断案技术,并且以"龟鉴"为名,欲使之如"龟寿"一般流传千古。《折狱龟鉴》收集395则案例,分门别类,并且在各条目之末,附加郑克按语,将纯粹经验型的案例指引上升到理论高度,以超越《疑狱集》。在《折狱龟鉴》之前,还有一本名为《内恕录》的书籍出现,内容已失传,但从书名断定,其以仁恕之心来作为决断疑案的主旨表露无遗。在崇尚实用主义的宋代以及整个传统社会,作为实用指南的书籍以此为名,实在是无法被广为传颂,再加上宋代以印刷业带动的丰富的书籍市场之淘汰机制,此书或是更名或是消失就不难理解了。在《折狱龟鉴》推出的13年之后,又一本颇有影响的断案宝典问世,它就是桂万荣编撰的《棠阴比事》。"棠阴"二字出自西周召公在棠阴树下听讼决狱的故事,以突显"为民司法"的亲民色彩。"比事"为该书的编辑方法,即将类似案例归并,用"比事属洞,联成七十二韵"的形式制作目录。另外,"比"也有类比、类推之意,作为一种司法方法和法律形式早在秦代就以"决事比"的形式出现过。因此,桂万荣以周秦之际的司法风尚来命名,并用韵律目录的形式,将大部分均来自《疑狱集》与《折狱龟鉴》的案例故事重新编辑出版,得以广泛销售与流传。相较于籍籍无名的《内恕录》,《棠阴比事》之类的命名就会更受平民书籍市场的青睐。

从内容上来看,《疑狱集》《折狱龟鉴》《棠阴比事》三者承继关系十分明显,均着眼于案例集的汇编,试图从断案的经验中抽出感性和理性的技术指引,但尚未称得上是纯粹的检验技术指南。《疑狱集》载案例79则,涉及检验内容者不过数例,大部分是对断案逻辑推理的描述,注重从常识、常情、常理出发折狱。《折狱龟鉴》在郑克的精细归纳下,提出了根据案情真相和物证痕迹来断案的"情迹论",被今人视为中国物证技术出现的标志。《棠阴比事》中也有新的检验方法出现，比如植物中毒检验法。但三书整体上仍逃脱不了刑侦套路，皆以描述性为主，重视经验证据的发掘。断案并非遵循固定的检验程式，而是根据日常经验知识，不外乎通过类似案件的类比（即"案验"）推理的路数，虽然书中不乏对检验技术和理论建构的努力。

（二）洗冤集录的名实之源

基于"人命关天"的信条，中国传统司法对尸检极为重视，可以说传统司法检验就是从尸检开始的。五代后周时期出现的"验状"是最早的尸检报告，但并未得到有效规范，延期不报和肆意篡改验状频发。官府中不乏草菅人命之徒，使得验状在很长时间内得不到规范，直至宣和六年（1124年），北宋朝廷才要求验状应当日具报，如有违限，按杖一百科罪。至南宋，检验规范被提上议程。以尸检著名的《洗冤集录》正是在这样的情形下于淳祐七年（1247年）问世。作者宋慈早年曾参与军务处理，因军功卓著，才被举荐为知县，正式踏入仕途。在南宋以收复中原为举国大略的环境下，身负武功的宋慈仕途当然坦荡。此后，宋慈20余年官宦生涯中的大部分时间都与刑狱有关，深知"狱事莫重于大辟，大辟莫重于初情，初情莫重于检验"，对于狱案总是慎之又慎，"不敢生一毫慢易心"，为谨慎为官，不滋生冤狱，遂编订规模颇大的办案指导用书《洗冤集录》，共5卷53目，约7万字。卷1载条令和总说，卷2载验尸，卷3至卷5备载各种伤、死情况，记述了人体解剖、检验尸体、检查现场、鉴定死伤原因、解读自杀或谋杀的各种现象、介绍各种毒物和急救、解毒的方法等内容，可谓考虑周全，是为自己随身必备，也为同僚传阅。"为往圣继绝学"是当时宋儒的理想，在士大夫执掌的文官统治的社会，宋慈也是师出有门，他本人曾跟从继承朱熹大统的宰相真德秀学习过朱子理学。而理学正宗又十分看重慎刑的价值，因此，宋慈的"洗冤"正是"慎刑"的代名词。当时南宋社会因无法收复中原而走向内在的道德自省，但又时刻不忘通过外在的技术革新重返汴京的矛盾心态，在宋慈及其《洗冤集录》中得到了有机的调和。宋慈的家学渊源、政治履历和文韬武略，在道德和技术上均拔得头筹，遂使《洗冤集录》广为流传。

《洗冤集录》虽侧重于检验技术规范，但书名"洗冤"二字则颇具道德召唤，乃抓住了中国传统司法的脉门——理冤，且选用了更能唤醒民众认同的"洗冤"一词，自此之后，"洗冤"一词成为类似作品的通称。"集录"可以理解为"集合或集中摘录"，显然是宋慈觉得此前三本案例集意犹未尽，而且无法满足司法操作需要。正如其序言所讲："博采近世所传诸书，自《内恕录》以下凡数家，会而粹之，厘而正之，增以己见，总为一编。"其目的在于"洗冤泽物，当与起死回生同一功用矣"。既然是"大全"式的摘录，而且侧重实用手册风格，必然要去其繁芜，取其精华，删去无关紧要的案情细节，只抓检验经验等实质性内容。因此，《洗冤集录》面向的读者群更多的则是司法官吏等专业操刀者，而《棠阴比事》等书基本面向的是普通庶民大众群体。

"集"来自于《疑狱集》，意味着辨疑理冤之术是前人不断总结的集体智慧。"录"不仅有摘录之意，也有目录之意。目录意味着基本纲要，有操作大纲的意思，因此，在《洗冤集录》之后，"录"和"目"开始成为专业的检验指南之名。从官方非正式编纂的，属于官员群体业余之作的经验之"集"，开始向官方正式认定的操作精细标准之"目录"转变，正是南宋司法检验的贡献。南宋"格目"这一形式的产生即表明了国家认定的司法检验标准已形成，司法检验开始从民间指南向国家标准发展。大概在公元1174年左右，由浙西提刑司郑兴裔进奏《检验格目》并颁行之，要求但凡每次检验均立定字号，用格目三本：一份申报所属州县，一份给被害之家，一份申报提刑司。格目内容大致包括：（1）接受申请检尸公文的时间；（2）承办本案人吏，于何时请某官初检；（3）检验官宿处距现场里数；（4）到达现场时间；（5）参加验尸人员。格目以条目的形式，将秦代"爰书"进一步细化，以杜绝各种检验失职行为，尤其是州县堂官不愿躬亲检验，致使奸邪滑吏欺上瞒下，冤情甚重。此司法检验乱象或许在约40年之后的1211年再次上演，江西提刑司徐似道又再次谏言，因"检验官指轻作重、以有为无、差讹交互，致使吏奸任意出入人罪"，应当将已在湖南推行的正背人形图与《检验格目》配合使用,《正背人检验格目》遂产生。检验正背人形图的用法是:"检验官司于伤损之处,依样朱红书画横斜曲直。仍于检验之时,喝唱伤痕,令罪人共同观看所画图本。众无异词,然后著押。则吏奸难行,愚民易晓。"检验环节完全公开。"格目"的出现从侧面也反映了当时民众对司法检验的陌生,因为自《检验格目》要求将检验结果发放于当事人之后的40年间,检司官僚依然为非构陷,致使颇为清廉的徐似道要求推行人形图以配合比较繁杂的格目来使用,使民众尤其是当事人更能通过检验图来监督有司的检验行为。元代继续改进,在大德八年(1304年)颁布检尸法式,即尸帐,将宋代的验状、检验格目、正背人形图合三为一,进一步规范检验。清代刑部则专门统一印制了"验尸图格"颁行各省,验尸时由"仵作据伤喝报部位之分寸,行凶之器物,伤痕之长短浅深,一一填入尸图"。检验方法和程式逐步规范。

(三)理冤传统与司法检验

《洗冤集录》之后出现的各种检验操作规程,完全抛弃了以"集"命名,均冠以"理冤"之名,并以"录"的形式成书,例如宋元间开始出现的《平冤录》《无冤录》,以突出理性检验方法的主题。此前《封诊式》所延续下来的"式"在元代又得到重视,如大德元年(1297年)的《结案式》和之后的检尸法式。清嘉庆十七年(1812年),将《洗冤集录》与《平冤录》《无冤录》合为一本,正式定名为《宋元检验三录》,"检验"之名遂被认可,但与"式"一样,始终未占主流。明万历四十年(1612年),王樵、王肯堂在《大明律附例笺释》之后附上《洗冤录》30条,作为官员定罪量刑之基本参考,至此《洗冤集录》始被简称为《洗冤录》,并且被国家律典所接纳。正如清人所言:"《洗冤》一编,垂为令甲,凡职斯役者,莫不习之,非此书无以决难决之狱。"至康熙三十三年(1694年),清廷正式颁布了《律例馆校正洗冤录》,该本传入日本后,经编译出版,定名为《检尸考》,表明《洗冤录》对尸体检验的重视程度。但以尸检为代表的传统检验之学,仍然属于外表检验(包括检骨)的范围。根据经验理性,通过文官之口总结出来的司法检验，排除了医师参与的可能，使传统司法检验未能更进一步的科学化。因为科学化依赖于专门化，司法检验与侦查审断在中国传统司法中高度合一，相互交织的特点，使得司法检验只能依赖于口耳相传的经验总结，无法超越《洗冤录》所确定的检验范式。这一检验传统特征集中体现在元明清时期围绕《洗冤录》所推出的各种增补校勘本上。

据不完全统计，有清一代《洗冤录》的续作大致有《洗冤录汇编》《洗冤录补》《洗冤录集证》《洗冤录补遗》《洗冤录备考》《洗冤录集证补注》《洗冤录辨正》《洗冤录详义》《洗冤录解》《洗冤录义证》《洗冤录表》《洗冤录摭遗》等十多种，多为浸润官场多年的廉吏所作，也有出自刑名幕友之手，成为刑官的案头必备，但均以"洗冤"为主题，已完全脱离了当初《疑狱集》设定的"决疑"的中心了。"决疑"偏重于对象，"洗冤"多重于效果，更能说明中国古代司法颇重结果公正的传统理念。司法的本质在于"理冤"，反映了民本主义的人文情怀，并非仅停留在对司法专业自身的专注。因此，即便南宋也出现了《检验格目》这样更能代表法医检验科学的书名，但也被中国传统的人文主义所压制，此后再无"格目"之身影。于是，传统中国并没有产生出类似于西方的司法检验学。宣统元年（1909年）建立的"检验学习所"依然要求司法检验受训者学习洗冤录、法医学、生理学、解剖学、理化学、法律大意等课程，实乃中西融通之选。在《洗冤集录》问世的6个世纪之后，咸丰三年（1853年）英国人哈兰德（W. A. Harland）首次将该书视为法医学书籍，并将该书直译为《一本关于洗除冤屈和伤害记录的书籍》，20年之后的又一个英国人贾尔斯（H. A. Giles）将其译作《洗冤录或是验尸官教程》，和日本人翻译的《检尸考》类似。在过了百年后的1981年，美国人麦克奈特（Brain E. McKnight）正式将该书翻译成《洗除错误：十三世纪的中国法医学》，以《洗冤录》为代表的中国传统司法检验被世人所认可，但也意味着以《洗冤录》为代表的"理冤"思维之检验模式被视为中国传统司法检验的核心特征。

附录：桃李之言

文章千古事　教书方寸心（郭思晨）

自从修读第二专业法学以来，我时常督促自己本着格致和敬畏之心而上下求索。而中国法制史又如此特殊，它归根于岁月的星尘，播撒在浩如烟海的文献中，经过先哲与今人庄严的端详、打磨、穿针引线，交融于体系化的历史学与法学学科中。然而，我们离真相相隔甚远，尤其在教师单向传授、学大于思占主流的传统课堂里，我们仿佛在"苟日新，日日新，又日新"，却又无时不蒙在鼓里，囫囵地咀嚼着荒唐言。这与人文社科研究所内化的进取精神，可谓相去甚远。

能够在中国法制史辅修课堂上认识沈老师，并随其踏入法学学习富有奠基意义的一隅，是我求学生涯里的一大荣幸。近年来，他一方面思考并尝试着开辟中国法制史教学新径，另一方面探寻着历代法制创举和事件所被赋予的深刻人文内涵。在他的课堂上，机械地根据律令格式照本宣科是从不存在的，贯穿教学始终的是质疑和探究。他反复强调着，纵使隔着时间的长河，也不能忘记历史人物是有血有肉的，要设身处地才能收获新知。

本书以理性为内核，放下当代学者的身段，投入旧时法制改革的细微背景里，以鲜活的大大小小历史人物为视角，以政治逻辑和技艺理性为主题，尽可能贴近真相地探索法制事件或案件深处的微言大义。在这个探索过程中，你将暂时卸下"义正言辞的法律人"的身份，而是扮演着历史人物的意见倾听者和决策咨询师，与人物尽可能多地进行思想交流。我能体会到,这本书里酝酿着法制史研究者的丹心热血,始终是以浇灌新花为夙愿,必是大而忘我的。

  本书肯定会擦亮你的双眼,让你对历史人物感到亲切和有趣,面对法制创举有种化身侦探的感觉。缇萦救父背后的权势纠纷、商鞅变法暗藏的一己私心、董仲舒引经决狱背后的难言之隐……一切都让你感慨,真实存在的历史是最绝妙的戏剧。而作为一位有幸接受其指导与帮助的法学第二专业修读生,我在品读之后亦受益良多。在当代学术氛围潜移默化转型的时期,沈老师一直在实践中竭尽全力解决自身的困惑、学生的困惑,以及法制史研究和课程改革的困惑。对既往的探索最终还是为了更好地活在当下、展望未来。而本书选取的事件,无不渗透着更深层次的人文关怀和人生反思。"行而不得,反求诸己"的体悟,"五听"之技衍生的内省,"正大光明"理想后的悲悯,等等,都牵引着对安身立命、继绝学而开太平之智慧的普世价值。总之,研究中国法制史并从中采撷思想的浪花,大则继往开来立国立民,小则思量从一介书生走向更好的一生。

  若要用一句话回顾沈老师的课给我的印象,我认为用自己"理想中大学课堂的模样"来概括毫不为过。也许是自己涉世尚浅,直到跨入大学校门很久,才慢慢感受到,大学课堂中功利与浮躁是一种难以料想的常态。换句话说,当代"大学之道"早已摒弃了贤文里神圣的治学使命感。而课堂学习,越来越严重地沦为不带感情地完成学时的形式。高考前脑海里构画的种种念想,不知不觉惹了尘埃。直到亲历了沈老师的课堂,才感觉那些尘埃仿佛被一只手掸去了。老师的每一堂课无不激情满溢,诙谐睿智,指点古今百态,让有心懈怠的学生也倦意全无;每一句陈述抑或解说,无论是逻辑、法理还是史实,都有着无可挑剔的严谨。而最令人称叹的,莫过于老师分析问题的独特角度和诱导性教学模式。每周两小时的课程,没有教条的知识点罗列,没有师生关系割裂的"对牛弹琴"局面,却是另辟蹊径的创新性思考、不断深入的探究式发问,以及大学课堂非常难得的丰富的师生互动。每次上沈老师的法制史课,我都如同亲历一场百家讲坛,又是一段"烧脑"而颇具趣味和学术性的头脑风暴,这是作为一个法学双专业学习者独一无二的体验。

上沈老师的课,以及课下与老师密切的交流,也令我获益良多。譬如,"大胆的假设,小心地求证"这种很难操作的治学思路,在我面前打开了大门。沈老师反复告诉我们,历代立法者每一项律令科比的颁布,每一个历史性事件的发生,都容不得想当然,都值得刨根问底,都需要我们敢于和善于挖掘真相。而许多人难解的困惑,往往在于过度地运用所谓"法律人的逻辑",去功能化地演绎推理。事实上,更一般的理性思考往往让真相更有迹可循。就像本书即将铺陈开来的立法司法技艺、司政博弈、思维传统等法制体系运行过程中不可或缺的要件,无一不是不断发问、搜寻史料推翻或证实、高度理性归纳和体悟的结果。

许多感想,许多启发,都飞扬于言辞之外。虽然仅仅采撷了沧海一粟,学习的路途中我始终在上下求索。令我确信的是,在沈老师等青年教师不懈的教改探索中,在法制史研究贡献者漫漫征途上,前方一定是用理性和创新精神构筑的锦绣山河。

斟酌古今 精妙发微(吴伊琳)

法史学的研究本身就是一个既敢想又不敢想的过程。不拘泥于已有之实的条框,有另辟蹊径的视角,是为敢想;不脱离史料及时代背景而妄下论断,是为不敢想。雕琢史料,力图发前人所未发之言,想前人所未想之事,乃是法史研究人员守住的底线,也是法史研究的尊严。

史书之弊,不在于不可谏后人,而尽在矫饰过当,不见其实。统治者主持编纂的史书,多载歌舞升平之事,粉饰太平而略去路有冻死之骨。但史学研究最忌翠纶桂饵,过分追求历史的工整和光彩,何以警后世?察本书之史实故事,既有丰功伟绩,也有街巷见闻。见丰绩而掘新颖之思,读巷闻而识民间智慧。

古代之法有浓厚的政治色彩,以维护社会安定为名,实则巩固政权统治。比如众人皆知的《大明律》,其中罗列了进谗言、邀人心、结朋党、乱朝纲等罪名,于是统治者以重典来严打。看似维护朝堂严治,实则是为《大诰》作铺垫，以现有的故事，大讲刑罚的操作标准。刑律、刑罚本应客观公正，才能保证"法"的三尺之职，但法典却在明代染上前无古人的主观色彩，那么法律就非度是非之尺，而成了统治者铲除异己的掌权之器。诸如此等从法史见古时特色，明辨法制大义以酌古准今的例子，在书中仍有许多。

《韩非子》有言："圣人见微以知萌，见端以知末，故见象箸而怖，知天下不足也。"见耳熟能详的法史故事，借史学分析的宏观角度，方知司法变革之大义。见皋陶"不如言，刑从之"，方知法律备受神学包裹的政治影响。见缇萦救父，方知政治的智慧始于舆论的控制。本书的见微知著，当是如此。面对已有的故事和细节，打破惯性思维的束缚，为读者打开更广阔的历史天地，为当代政治司法结出经验智慧之果。

任何研究都是枯燥而孤独的，法史学也不例外。孤独这个词，拆开来看，有瓜果盛夏，有稚犬逐虫，世间纷扰，唯余我两鬓生风。尽管研究的前路孤独而漫漫，但身后仍有莘莘学子悉心受教，获益良多。请展颜宽怀，再添字字珠玑。

读匠心之作　感法史新知（徐翼）

因参加了本书的部分文字校对工作而有幸得以更早地读到此书。读罢，便久久不能忘怀。我读到的是一位法史学人对中国法制史相关问题的深入思考与严谨探究，读到的是深刻的思想与崭新的观点，读到的是生动的文字与严密的结构，读到的是作者对法律史学的热血丹心。

本书精心选取了30个在中国法史上具有代表性的案例，通过对它们的深入思考与探究，提出了诸多崭新的想法和深刻的观点，并以此为线索，采以小见大的写作手法与论证思路，对中国古代立法与司法的政治逻辑和技艺理性做了较全面的展现与精辟的论述。"政治逻辑"与"技艺理性"两个概念：一个宏观，一个微观；一个注重理念，一个注重操作。但二者又是相通的，技艺是在逻辑指导下的技艺，逻辑的内涵也在技艺上给予了体现与表达，二者相辅相成，共同塑造了中国古代以立法和司法为核心的法制体系。因此，以"政治逻辑"和"技艺理性"作为主旨和皈依是本书独特的理论创新，这也是此书引人入胜之处。

另外，本书从我们熟知的人物和法史学上常见的事件入手，从新颖的角度来剖析这些人物和事件背后常人所不易想到，但是又确实存在，甚至是其主要指归的内涵与意义。这使得本书读来处处能欣赏到思想之花，收获智慧之果。作者用严密的论证、生动的语言、翔实的史料，让一个个常见的人物与事件获得了全新的意义。在阅读此书时，我也时时低头沉思，感觉总是能在不经意间收获新知，正如前言中说的，"于平淡之处见波澜，于细微之处见真章"了。

值得一提的是，本书所体现出来的"常人思维"的东西，是很多人所欠缺的。"常人思维"就是说在分析法史上的人物、事件时，要充分考虑常情、常理，将其放入当时的时代背景中，以一般性的理性思维去思考该人物、事件的原因与逻辑，使论证的结果更加符合历史的本来面目。说来容易，但很多人正是因为缺乏这样的思维，使得其观点难有新意，甚至与历史相去甚远。

我有幸成为沈老师的学生，他对法史学的巨大热情与深刻洞见，既充分体现在此书中，也完全展示在了平常的课堂上。沈老师的课堂讲授十分连贯而逻辑性强，同时拒绝照本宣科，在讲授的内容中融合了自己的观点与研究成果。再加上沈老师风趣幽默，语言生动，富有激情，在课堂上有着巨大的个人风格魅力和感染力，让学生对其课堂有充分的积极性，并收获满满。

三国时曹丕在《典论·论文》中尝言："盖文章，经国之大业，不朽之盛事。"此意正是在强调文章的重要性。本书以严谨的治学态度，展现了作者对中国法史的拳拳寸心，大概基本符合了该句的要求了。

后记：
在细致入微的书写中找寻典藏

本书所选的 30 篇文章，其中的 24 篇于 2015 年至今，陆续发表于《人民法院报》《检察日报》《法制日报》《民主与法制时报》《南方都市报》等中央或地方权威媒体上，见报后曾被新华网、搜狐网、网易网、腾讯网等权威客户端全文转载。在此，要诚挚感谢《人民法院报》理论文化部主任张国香女士、《法律文化周刊》林淼女士、《检察日报》"绿海副刊"龙平川先生、《法制日报》"法治文化"刘百军先生、《民主与法制时报》"法律文化"赵永颜和《南方都市报》"历史评论"张子庆先生，是你们让中国法律史的故事在报刊上有发声的机会。

以文章的形式逐步搜寻中国法史的逻辑与技艺这一形式，我最早是得到了华南理工大学法学院夏正林副院长的支持和鼓励。随着以"弘扬传统法律文化，发掘法史当代价值"为宗旨的系列文章不断发表，这一写作兴趣愈发不可收拾，时任华南理工大学法学院徐松林院长多次给予我鼓励和帮助。在本书初稿完成后，华南理工大学法学院2016 级硕士生张艺萍、苏晓敏、欧书沁、林泽雅、陈少红，2017 级硕士生陈雅雯等诸位同学，以及华南理工大学法学院 2015 级本科生徐翼和邹智同学，2016 级本科生丘傲和钟楷同学均参与了校对，并对文章逻辑结构提出了诸多中肯的建议。因文章涉及内容广泛，有些多与当下法治联系紧密，所以大部分文章在发表之前，都会发给华南理工大学法学院的"青椒"（即青年教师）同事们审读，其中包括华南理工大学法学院青年教师黄旭东博士、林志毅博士等学术挚友，我每次都能从他们那里收获颇丰。

聚少成多的思绪离不开课堂教学的尝试性提问和讲解，华南理工大学2016—2017学年第一学期"中国法制史"双学位辅修班和"中国传统法律文化"全校通选课班、2016—2017学年第二学期"中国法制史"法学本科必修班和"中国传统法律文化"全校通选课班、2017—2018学年第二学期"中国法制史"法学本科必修班的诸多同学对此贡献良多，尤其是华南理工大学经济与贸易学院2015级本科生郭思晨、黄培日和吴伊琳同学，在此我特别感谢郭思晨、吴伊琳和徐翼三位同学对本书撰写了评论与感想。因此，这本书，完全可以看作是华南理工大学"青椒"们与学生们集体完成的作品。

文章的写作除了得益于中国人民大学法学院赵晓耕教授、中山大学法学院马作武教授两位授业恩师在我求学期间对我的谆谆教诲之外，还有来自于最早力荐我攻读中法史研究生的华中科技大学法学院杨昂博士日常的启发。我能够最终将此30篇文章以"中国法律史的逻辑与技艺"这一主题串联起来，颇受中国政法大学法学院刘星教授和杭州师范大学沈钧儒法学院范忠信教授的影响。两位恩师分别以《西窗法雨》和《情理法与中国人》闻名于学界，其写作范式和思维方法均为本书的问世提供了方向上的指引，但愿此书不负诸位业师所望。

为确保文章质量，借出版之机，我又结合新近教研心得，对文章进行了重新审读和修订。或合并相关主题的内容，或删减新增已有观点，并遵照学术规范，增加了所有注释。同时，为了增加文章的可读性，华南理工大学法学院2015级本科生林明惠同学在相应章节精心手绘插图，特此致谢。

此书得以出版，受到了2016年度广东省哲学社会科学共建项目"广东瑶族纠纷解决机制研究"和2017年度中国法学会部级研究课题一般项目"古代中国贿赂利益剥夺机制研究"的联合资助,部分文章则是这些项目的阶段性研究成果,特此说明。

谨致谢忱的同时,更恳请方家批评指正。

沈玮玮
戊戌年初夏于中国广州穗石偶得斋初稿
戊戌年初秋于美国密歇根迪尔伯恩改定